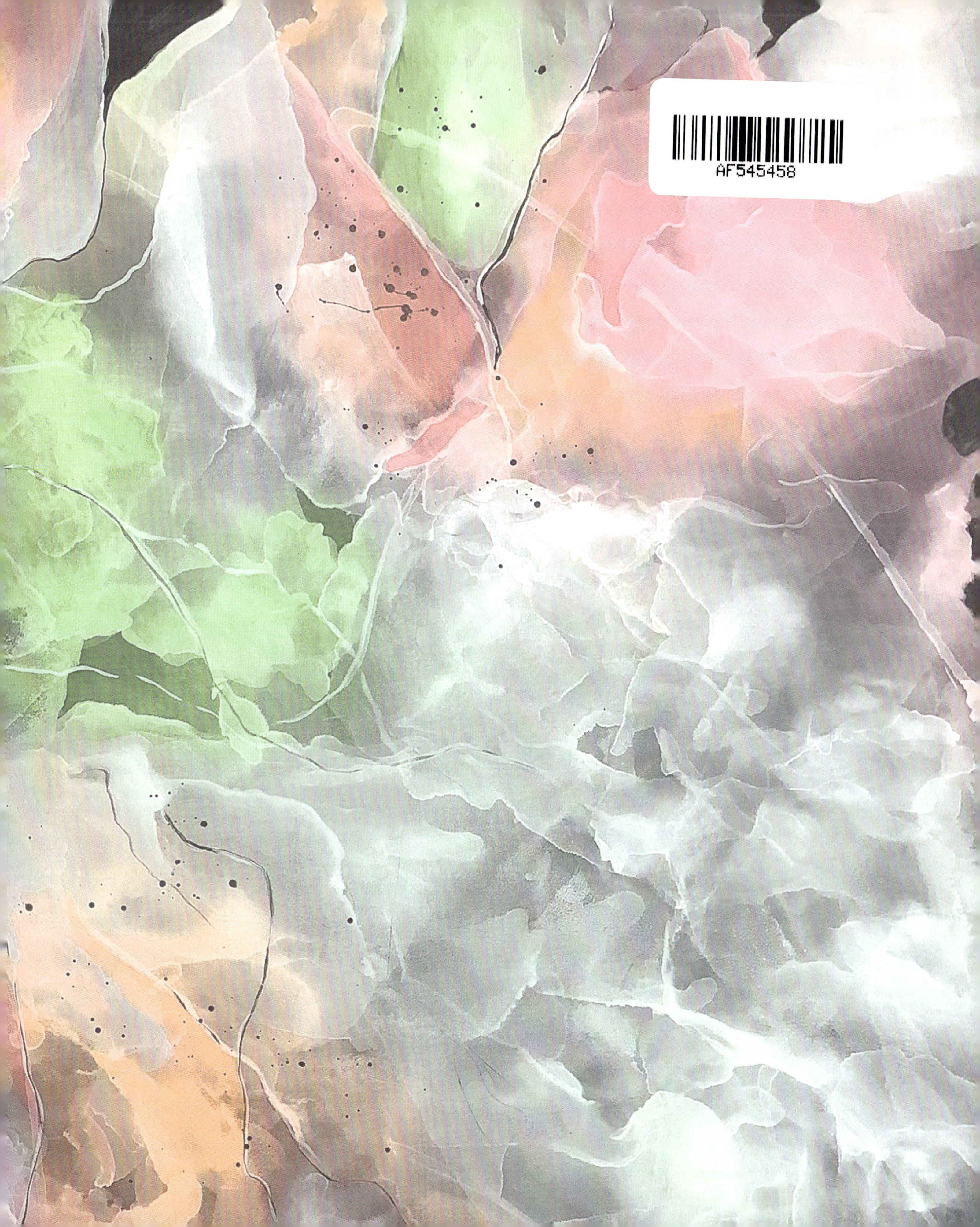

Mein besonderer Dank geht an meine Tochter Dominique,
die mich immer unterstützt und mir auch in schwersten Zeiten zur Seite stand.

Nicole Menz

# INK PAINTING

## Abstrakte Bilder mit Alkohol-Tinten malen

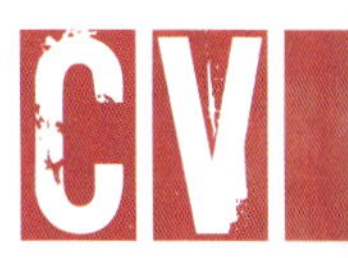

# Inhaltsverzeichnis



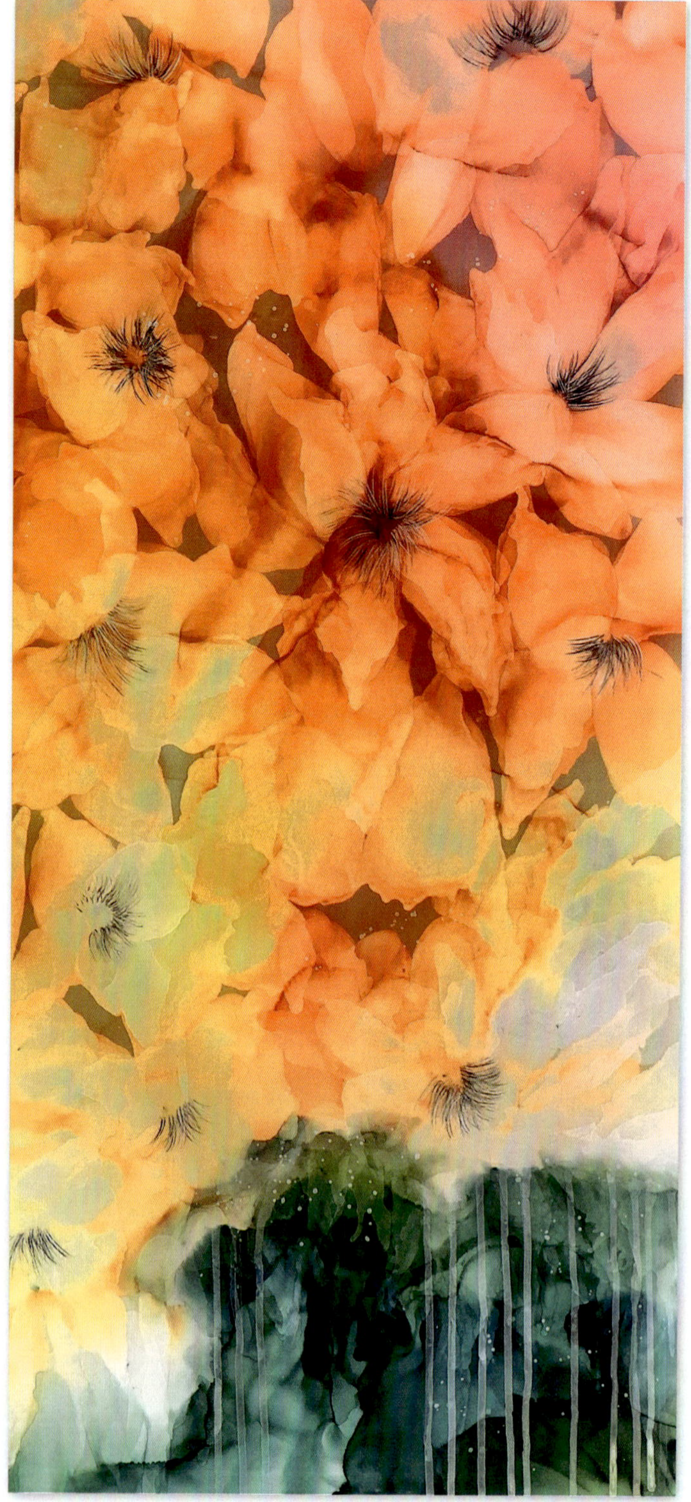

# Vorwort

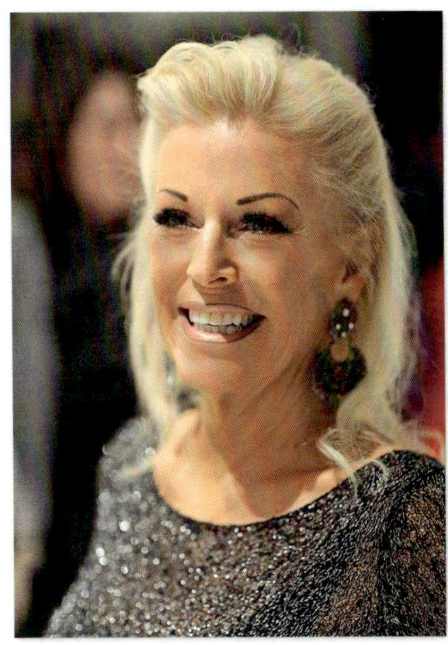

Kein anderes Malmedium begeistert derzeit in Social Media mehr als „Alcohol-Ink"!
Auch ich hatte schon nach dem ersten Versuch das Bedürfnis, mich mehr und intensiver mit diesem relativ neuen künstlerischen Ausdrucksmittel auseinanderzusetzen. Die leuchtenden Farben und die schnelle Trockenzeit begünstigten meine Entscheidung. Das Arbeiten mit Alkohol-Tinten besitzt hohes „Suchtpotential". Wenn Sie sich mit einem neuen Malmedium vertraut machen wollen, eine weitere Technik in Ihr Repertoire aufnehmen möchten, oder einfach nur Spaß am Malen haben wollen, dann sind Sie bei Alcohol-Inks genau richtig.
Der Alkohol verflüchtigt sich sehr schnell, sodass die flüssigen Tinten schnell trocknen und zügig weitergearbeitet werden kann. Im Gegenteil zu anderen Farben, reagiert die getrocknete Tinte auf Alkohol und lässt sich, auf dem richtigen Malgrund, immer wieder anlösen. Dabei entstehen einzigartige Bilder, die sich nicht kopieren lassen.
Nicht nur glatter Malgrund und da speziell „Worbla", sondern auch Metall, Glas, Keramikfliesen u. v. m. lassen sich phantastisch mit Alkohol-Tinten bemalen.
Ein gewisses „know how" ist bei jedem Malmedium notwendig, um gelungene Bilder zu erstellen. Deshalb möchte ich Ihnen in diesem Buch zeigen, wie Sie Ihre ersten Bilder anlegen können und vor allem, was Sie dabei beachten sollten. Natürlich können Sie die Tinten auch in Verbindung mit Acrylfarben, Resin oder anderen Malmedien anwenden.

Sie werden feststellen, dass der Drang, mit Alcohol-Inks zu arbeiten, übermächtig groß sein wird.
… und, falls Sie besonders ausdrucksstarke Bilder gemeinsam mit mir anfertigen möchten, dann besuchen Sie mich in einem meiner Malkurse und Malseminare, die mit maximal drei Teilnehmern besonders lehrreich und intensiv sind.
Ich wünsche Ihnen, dass Sie beim Malen viel Spaß haben und durch mein Buch Ihr Wissen zu dieser Materie erweitern oder vertiefen können.
Vielleicht kann ich ja bei dem Einen oder Anderen eine neue Leidenschaft hervorrufen!

Nicole Menz

**„Phantasie ist wichtiger als Wissen, denn Wissen ist begrenzt!"**

Albert Einstein

# Gestaltungstechniken & Hilfsmittel

## Was sind Alcohol-Inks?

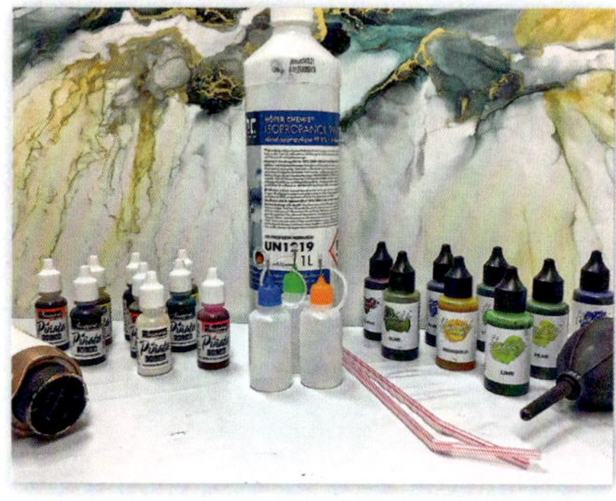

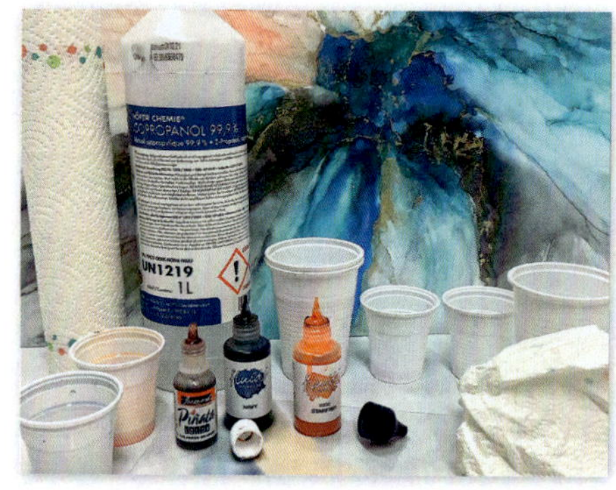

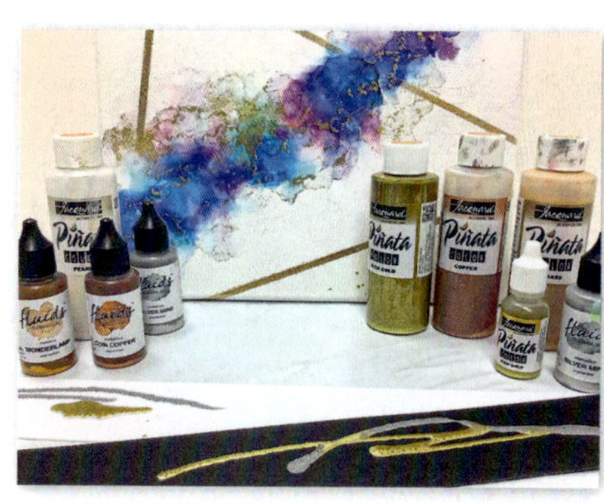

**Alcohol-Inks** sind hochpigmentierte, farbintensive, säurefreie Tinten auf Alkoholbasis. Im Gegensatz zu Acrylfarben können diese, auch im getrockneten Zustand, immer wieder mit Alkohol an- und abgelöst werden. Dies eröffnet vollkommen neue Horizonte in der Malerei! Die Tinten werden in kleinen Pipettenfläschchen angeboten, die eine tropfenweise Dosierung zulassen. Es handelt sich um flüssige Farben, die sparsam auf den dafür geeigneten Malgrund getropft werden. Gibt man Alkohol hinzu, verdünnt sich die Tinte und lässt sich mithilfe von Strohhalm, Blasebalg oder Föhn in jede gewünschte Richtung verblasen. Dabei entstehen sowohl intensive, als auch sehr transparente Farben, feinste Verästelungen und die typisch fedrigen Muster. Jeder Anschluss mit Farbe oder Alkohol verdrängt die angetrocknete Tinte und erzeugt neue Ränder. Diese lassen sich, mit etwas Übung, ganz gezielt in ein Bild einarbeiten.

Wer gerne mit zarten aquarelligen Farben arbeitet, kann die Alcohol-Inks auch verdünnen. Geben Sie hierfür Alkohol in einen kleinen Plastikbecher und fügen einige Tropfen farbige Tinte dazu, bis der gewünschte Farbton erreicht ist. Diese Verdünnung eignet sich auch hervorragend für größere Bilder, die flächig gestaltet werden. Auf einem professionellen Malgrund, wie z. B. „Worbla", lassen sich unerwünschte Ränder mit Alkohol auch wieder vollkommen entfernen. Umso mehr Alkohol hinzugefügt wird, desto heller und zarter werden die Farben.

In Deutschland, bzw. Europa, sind die Farben selten im Künstlerbedarf-Fachhandel erhältlich, können jedoch über das Internet bestellt werden. Ich bevorzuge gleichermaßen „PINATA" und „OCTOPUS". Beide Firmen bieten eine große Auswahl an hochwertigsten Alkohol-Tinten in 15 ml bzw. 30 ml Einheiten an. Die vielen wunderschönen Tinten sind von leuchtender Brillanz. Die einmaligen Metallic-Töne sind unverzichtbar und können schon beim Anfertigen des Bildes farblich zum späteren Metallic-Rahmen ausgewählt und angepasst werden. Da die Farben nur sehr sparsam und tropfenweise verwendet werden, sind sie sehr ergiebig.
Im Internet finden Sie Angebote für kleine Plastikfläschchen, die mit einer Hohlnadel versehen sind. Wenn Sie die Tinten in diese Gefäße füllen, können Sie noch punktueller arbeiten. Gerne werden die Tinten auch zum Einfärben von Resin (Kunstharz) verwendet.

# Notwendige Utensilien

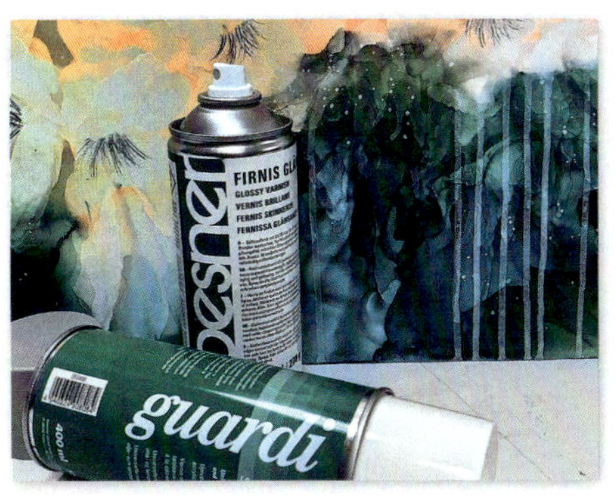


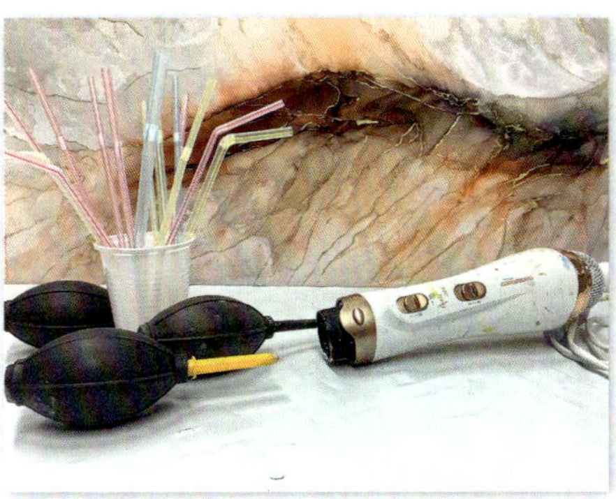

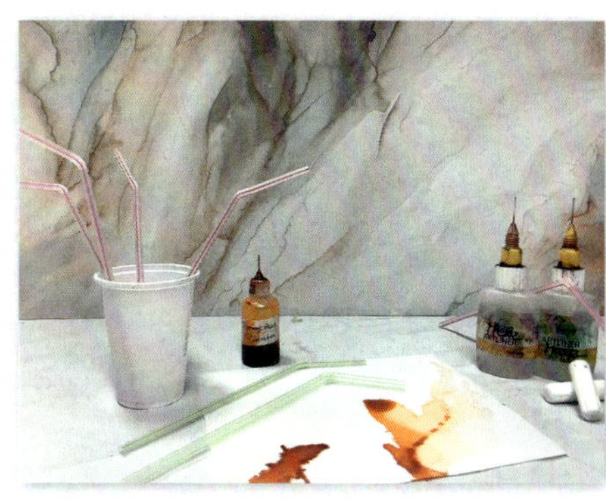

Die Farben sind ausgesprochen intensiv und verfügen über eine hohe Leuchtkraft. Allerdings sind die Tinten nicht so lichtecht, wie andere Medien, z. B. Acrylfarbe. Deshalb müssen die Bilder oder Objekte nach Fertigstellung unbedingt mit einem **Firnis** mit UV-Schutz überzogen werden. Dies sollte am besten mit Spray vorgenommen werden.

Alcohol-Inks verzaubern ebenso durch fließende Übergänge, wie durch harte Kanten. Der sogenannte „Flow" ist bei keinem anderen Mal-Medium so sichtbar. Dieser Flow wird vor allem durch einen Luftstrom erzielt, der mittels **Strohhalm**, **Blasebalg** oder **Föhn** erzeugt wird. Eine weitere Möglichkeit ist die Verwendung einer **Airbrushpistole**. Auf diese möchte ich aber nicht weiter eingehen, da die wenigsten Maler über ein solches Gerät, nebst Kompressor verfügen.

Um bei der Verarbeitung ein Gespür für die Tinten und deren Verlauf zu bekommen, würde ich Ihnen für den Anfang einen **Strohhalm mit Knick** empfehlen. Geben Sie einige Tropfen Tinte auf die trockene oder mit Alkohol benetzte Malfläche. Mit einer Nadelflasche verteilen Sie etwas Alkohol um die Farbe. Nehmen Sie nun den Strohhalm und verblasen Sie beides in die gewünschte Richtung. Die Außenkonturen der Farbe erneut mit Alkohol anlösen und wieder verblasen. Dies kann beliebig oft wiederholt werden. Den Strohhalm dabei nicht senkrecht, sondern ziemlich waagerecht zur Malfläche halten. Der Malgrund kann auch gedreht werden, damit Sie sich nicht „verrenken" müssen.
Experimentieren lohnt sich hier, denn Sie werden nach kurzer Zeit herausfinden, wie Sie am besten mit diesem simplen Werkzeug zurechtkommen!

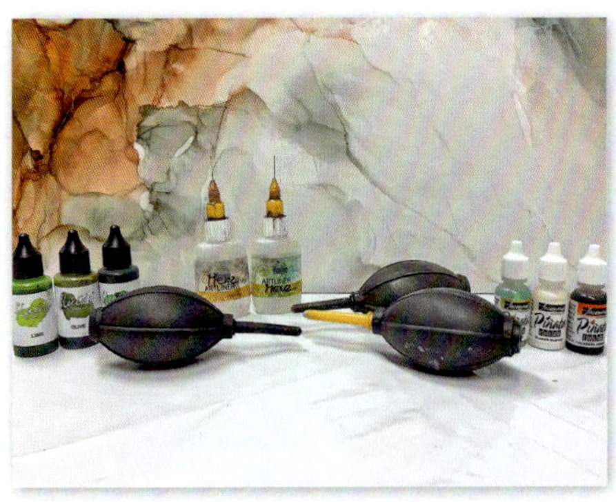

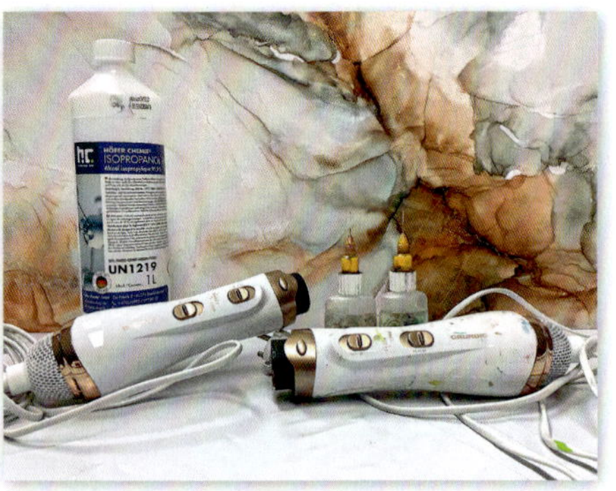

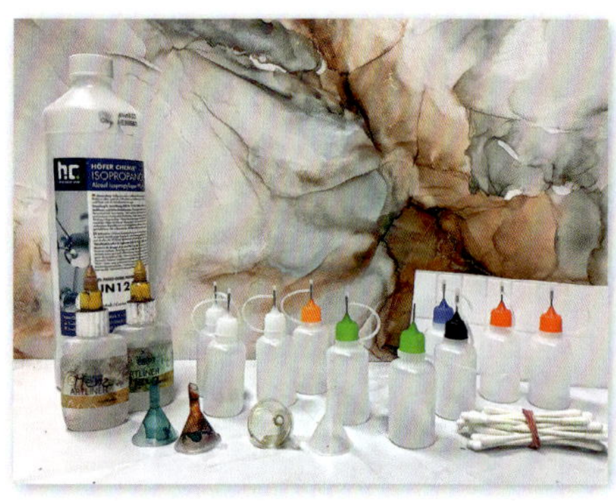

Für diejenigen, denen schnell die Puste ausgeht, ist ein **kleiner Blasebalg** eine sinnvolle Alternative. Diesen können Sie über das Internet erwerben (z. B. den „JJC Großer Power Blasebalg Dust Blower"). Für gewöhnlich wird dieser Blasebalg zur Reinigung von Objektiven, Kameras, Tastaturen und empfindlichen Oberflächen verwendet. Die Größe der Öffnung des Blasebalgs ist etwa mit der Austrittsöffnung eines Strohhalms vergleichbar. Die Anwendung ist dieselbe wie beim Strohhalm, nur, dass Sie den Luftstrom durch Pumpen steuern.

Die dritte Variante ist der Einsatz eines **Föhns**. Dieser sollte unbedingt über eine Kaltluftstufe verfügen, die sich dauerhaft einschalten lässt. Die Alcohol-Inks verdunsten sehr schnell und trocknen durch Wärme noch schneller. Wenn Sie auf Worbla arbeiten, müssen Sie zudem berücksichtigen, dass es sich dabei um ein thermoplastisches Material handelt – d. h., es würde sich durch Hitze verformen. Achten Sie beim Kauf des Föhns darauf, dass man die Aufsätze komplett abnehmen kann. So können Sie die Fließrichtung der Tinten besser steuern und der Griff liegt besser und leichter in der Hand. Aus eigener Erfahrung kann ich Ihnen den „Grundig HS 7880" empfehlen. Er liegt gut in der Hand, ist nicht zu schwer, bringt eine gleichbleibende dauerhafte Leistung und verfügt über eine einstellbare Kaltstufe. Es erfordert ein bisschen Übung mit dem Föhn zu arbeiten, ist aber für größere Bildformate unerlässlich.

**Nadelfläschchen** können Sie ebenfalls über das Internet beziehen (z. B. von Kakoo oder MaoXin). Meistens gibt es sie im Set, bestehend aus mehreren Fläschchen mit den dazugehörigen Minitrichtern. Diese kleinen Helfer erleichtern das Arbeiten mit Tinten ungemein. Die Nadeln haben einen Durchmesser von ca. 1 mm – so lässt sich die Tinte punktgenau und in genauer Dosierung auftragen. Zudem erleichtert es das Mischen eigener Farbtöne. Die Fläschchen sind mit kleinen Hütchen versehen, die man nach Gebrauch auf die Nadeln steckt. Damit ist kein Auslaufen der Farben mehr möglich und zudem verdunsten die Inks nicht. Die Nadeln sollten regelmäßig mit Küchenkrepp und Alkohol gereinigt werden. Wattestäbchen können eingesetzt werden, um unerwünschte Farbe in kleinen Flächen wieder zu entfernen oder um Helligkeiten auszuarbeiten. Hierfür das Stäbchen mit etwas Alkohol anfeuchten (nicht zu nass verwenden).

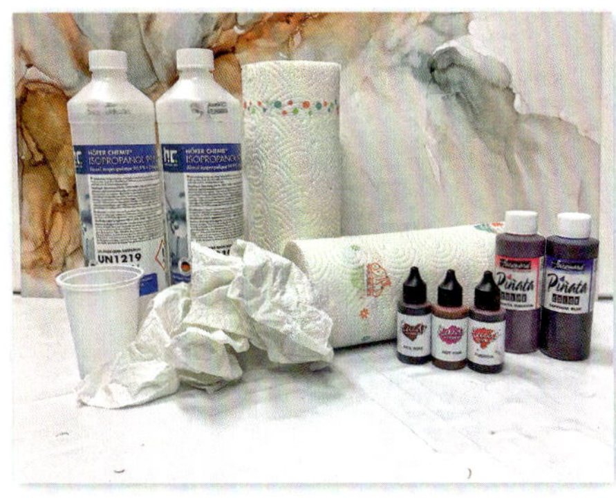


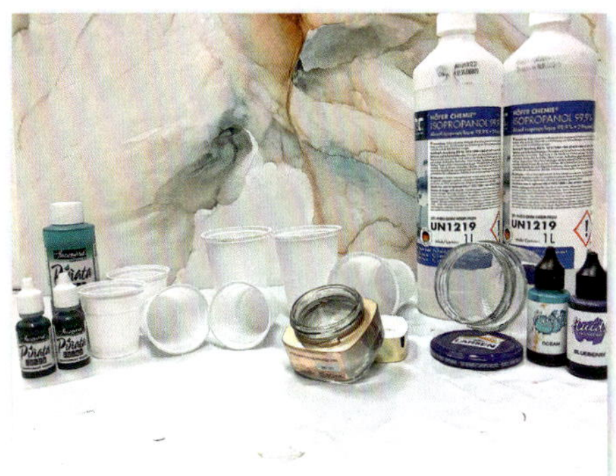


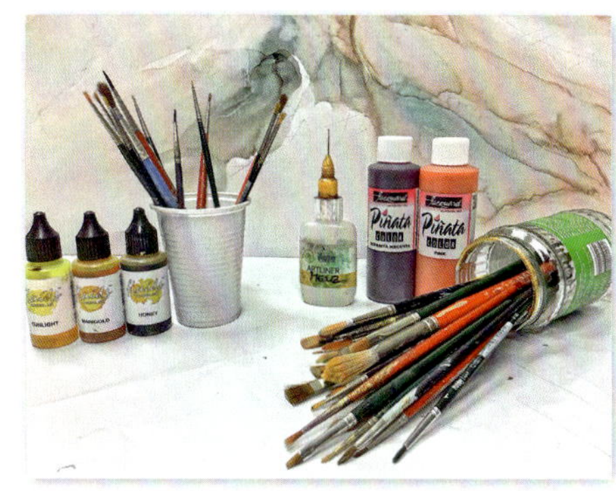


**Küchenkrepp** ist ein absolut notwendiges Utensil bei der Verarbeitung von Alcohol-Inks. Sie sollten stets einige Blätter parat haben. Wenn Sie auf dem Malgrund Worbla arbeiten, können Sie unerwünschte Farbspuren oder aber auch ganze Partien wieder komplett entfernen. Nässen Sie dazu einfach den Küchenkrepp mit Alkohol an und wischen Sie die Farbe wieder ab.
Die Nadeln der kleinen Fläschchen, Pinsel u. Ä. werden ebenfalls mit Alkohol und Küchenkrepp gereinigt.

**Kleine Kunststoffbecher** – oder nachhaltiger kleine Tassen oder Gläser – eignen sich gut für die Reinigung der Utensilien, wenn sie mit Alkohol gefüllt werden. Bei größeren Bildformaten kann man die Tinten auch darin anmischen und direkt auf die Malfläche gießen.

Auch einige **Synthetik-Rundpinsel** sollten natürlich nicht im Sortiment Ihrer Arbeitsgeräte fehlen. Sie sollten darauf achten, dass diese über eine sehr feine dünne Spitze verfügen. Mit diesen Pinseln können Sie konzentrierte Inks aufnehmen und Dunkelheiten in das Motiv setzen oder mit Alkohol Helligkeiten auswaschen. Auch auf dem fertigen Bild können damit noch schöne Akzente gesetzt werden.

# Umgang mit den Tinten

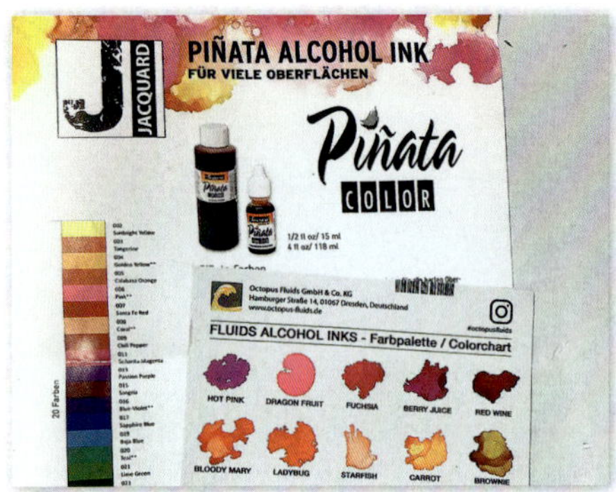


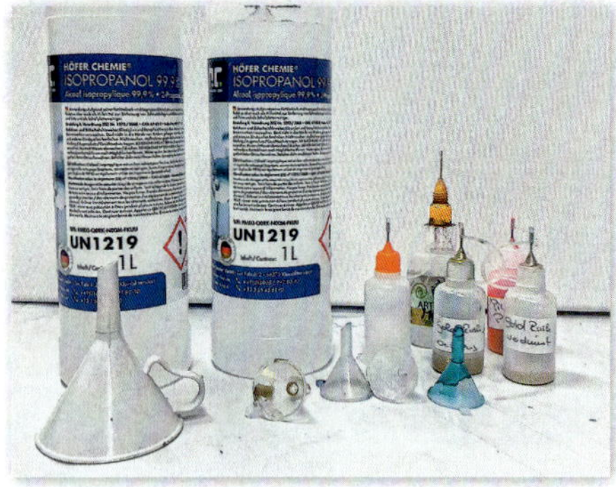


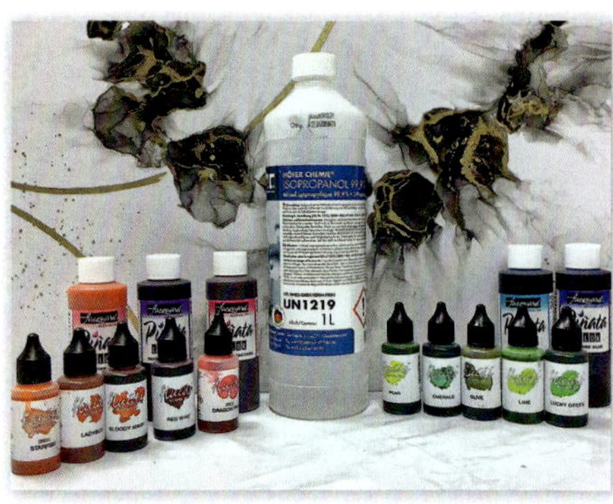


Bei den meisten **Alkohol-Tinten** von Pinata und Octopus handelt es sich um „Volltöne". D. h. die Inks sind sehr intensiv, leuchtend und kräftig. Die Inks können direkt auf den trockenen Malgrund getropft und mit Alkohol verblasen werden. Eine weitere Variante ist, zuerst den Alkohol aufzutragen und die Tinten daraufzugeben. Auch hier werden die Außenkanten wieder mit Alkohol abgelöst und verblasen.

Je mehr **Alkohol** man hinzufügt, desto mehr verdünnen sich die Inks und werden dadurch heller und transparenter. Für ganz helle und aquarellierte Bilder sowie zarte Hintergründe, können die Tinten schon vorab mit Alkohol verdünnt werden. Füllen Sie hierfür ein Nadelfläschchen mit Alkohol und geben Sie so lange Tinte hinzu, bis Ihnen der Farbton zusagt. Zum Umfüllen von Alkohol und Tinten gibt es kleine Minitrichter, die sich hierfür bewährt haben (z. B. von Kakoo oder MaoXin).

Auf diese Weise können Sie auch Ihre **eigenen Farbtöne mischen** und kreieren. Die Inks von Octopus und Pinata lassen sich problemlos untereinander mischen. Beide Hersteller sind Marktführer und bieten ein großes Sortiment an Farbtönen von hochwertigster Qualität.

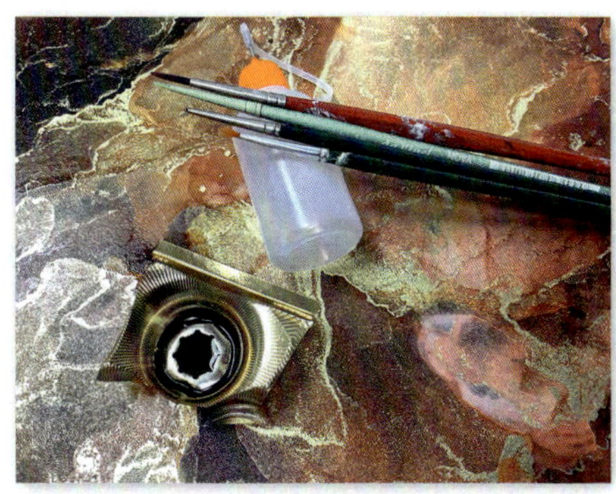

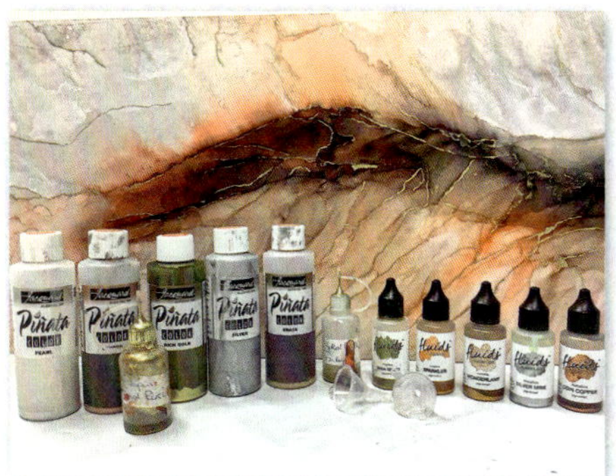


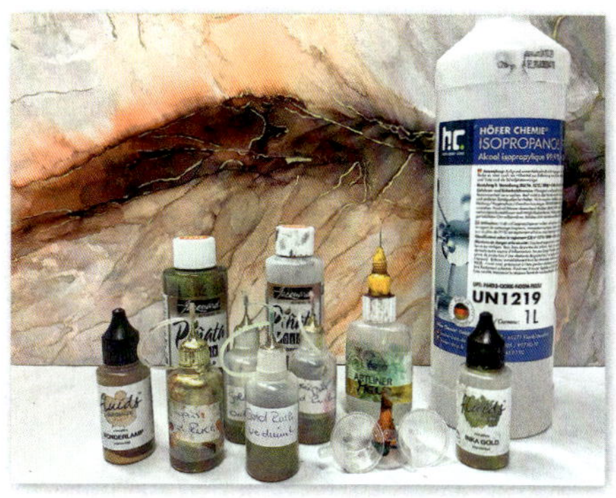


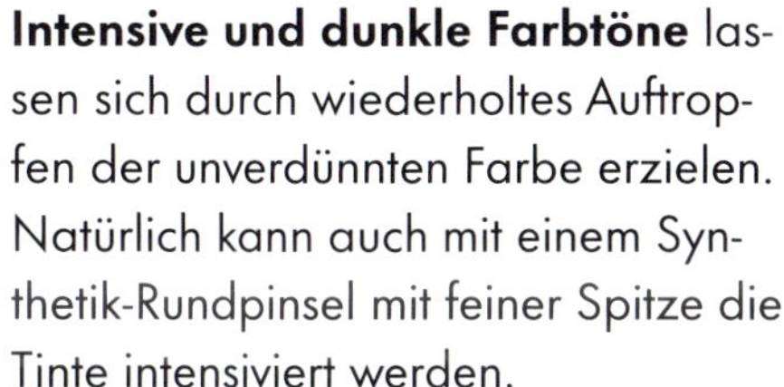

**Intensive und dunkle Farbtöne** lassen sich durch wiederholtes Auftropfen der unverdünnten Farbe erzielen. Natürlich kann auch mit einem Synthetik-Rundpinsel mit feiner Spitze die Tinte intensiviert werden.

Sowohl Octopus als auch Pinata bieten wunderschöne **Metallic-Töne** an. Die Skala umfasst Bronze, Kupfer, Pearl, Silber und verschiedene Gold-Töne. Diese spielen jedoch nicht nur eine dekorative Rolle! Metallic-Pigmente sind dichter und schwerer und bilden beim Verblasen der Tinte meist einen dünnen Rand um die Farbfläche, den man, nach einiger Übung, als „Wall" und Abgrenzung zum nächsten Farbauftrag nutzen kann.

Sollen die Metallic-Aufträge nicht so dominant in den Vordergrund treten, können Sie diese Tinten vor dem Auftragen ebenfalls verdünnen. Hierfür geben Sie Alkohol in ein Nadelfläschchen, fügen einige Tropfen Gold oder einen anderen Metallic-Ton hinzu und verwenden dies anstatt des reinen Alkohols. Die Metallic-Pigmente setzen sich sehr schnell am Boden des Fläschchens ab. Es ist deshalb notwendig, das Fläschchen, auch während des Malvorganges, immer wieder zwischendurch zu schütteln. Das verdünnte Metallic-Pigment sammelt sich entlang der nassen Konturen und hinterlässt zauberhafte, schleierhafte Linien und Muster, die Leichtigkeit und Transparenz vermitteln.

**Tipp:** Sorgen Sie bei der Verarbeitung von Alcohol-Inks immer für eine ausreichende Belüftung. Zum Schutz der Atemwege kann auch eine Mund-Nasen-Maske angelegt werden.

# Malgrund für Alcohol-Inks

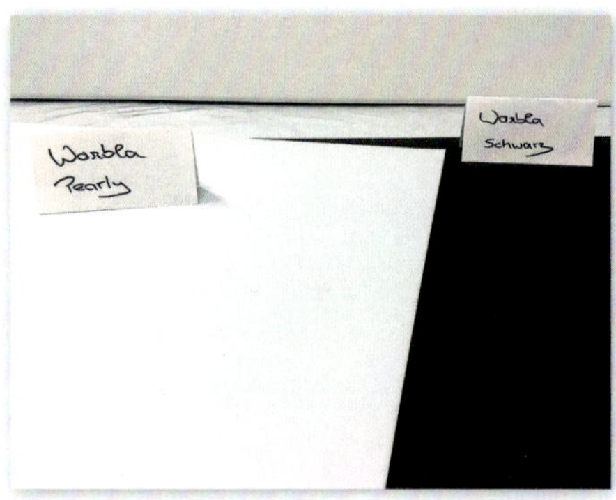


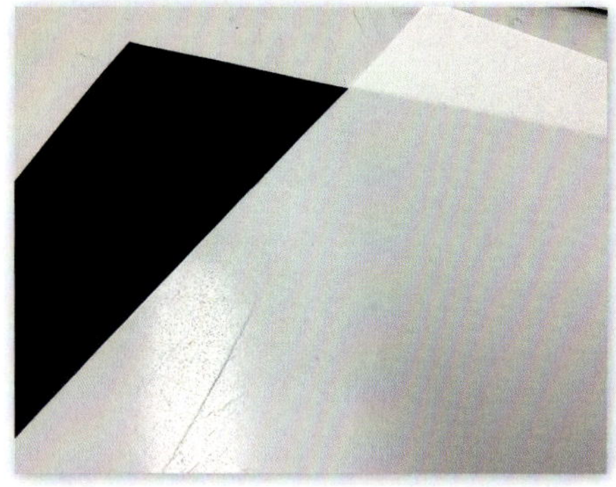

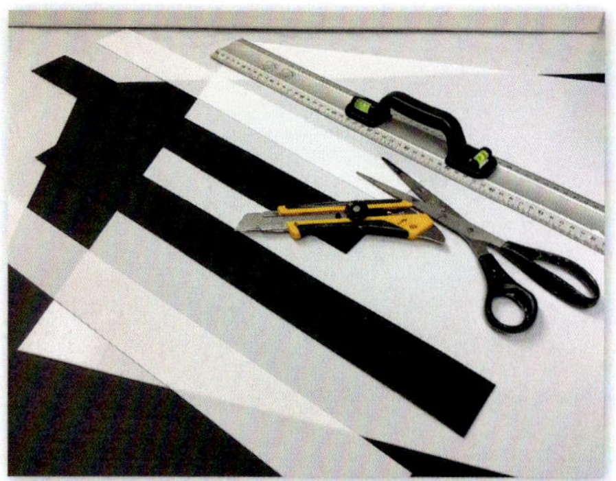

Der Malgrund trägt maßgeblich zum Gelingen von Bildern mit Alcohol-Inks bei!
Ich habe viel Zeit und Kosten investiert, bis ich den ultimativen Malgrund gefunden habe!
Es sollte generell ein Malgrund sein, auf dem sich die Tinten optimal ausbreiten und verblasen lassen. Und außerdem sollten sich Alcohol-Inks unbedingt wieder restlos von der Malfläche entfernen lassen, da dies für manche Techniken unerlässlich ist. Nach langer Suche bin ich fündig geworden: „**WORBLA**“!

Es handelt sich um **Kunststoff-Platten** von wenigen Millimetern Stärke, die in den unterschiedlichsten Maßen erhältlich sind. Eigentlich ein thermoplastisches Modelliermaterial, dass durch Einwirkung von Hitze verformt werden kann, wird es überwiegend für Bühne und Theater verwendet. Aber auch für Masken, imitierte Rüstungen und andere Kreativprojekte erfüllt es seinen Zweck. Die erhältlichen Formate von klein (25 cm x 37,5 cm) bis sehr groß (100 cm x 150 cm) sollten auch anspruchsvollen Maler genügen.
Eine Seite der Platte ist mit einem veloursähnlichen Belag versehen, der optimal für Tinten geeignet ist. Die Bilder im Buch habe ich ausschließlich auf „Worbla Pearly“ und „Worbla Black“ gearbeitet.
Worbla-Platten erhalten Sie im Künstlerbedarf-Fachhandel, z. B. Boesner.

Ein weiterer Vorteil des Materials ist, dass es sich problemlos mit einem **Cutter oder einer Schere** zuschneiden lässt. Hierfür die Platte auf einen größeren stabilen Karton legen und mit einem Stift das gewünschte Format einzeichnen. Ein Metall-Lineal anlegen und mit einem Cutter ohne großen Druck wiederholt entlang ziehen, bis sich das Stück löst. So können aus einer Platte in der Größe 50 x 75 cm oder 70 x 100 cm viele kleine Platten oder auch Platten mit den Normmaßen der üblichen Wechselrahmen geschnitten werden.
Ich empfehle Ihnen, die Platten stets in Normmaßen zuzuschneiden. Die fertigen Bilder können dann problemlos in preisgünstige Wechselrahmen gelegt werden – wahlweise mit oder ohne Glas. Kleine Reste eignen sich hervorragend, um z. B. Lesezeichen oder Collagen anzufertigen.

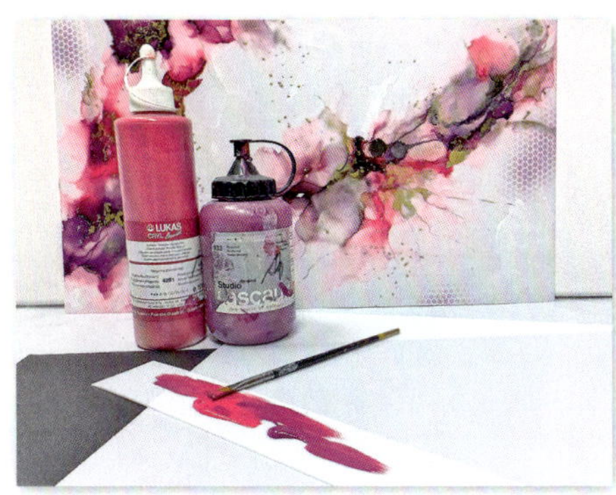


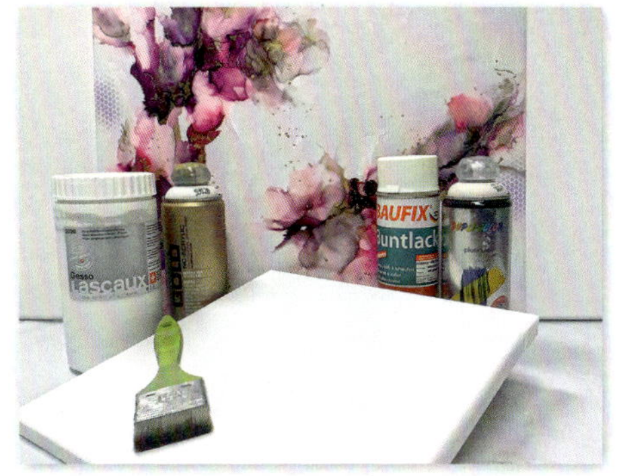


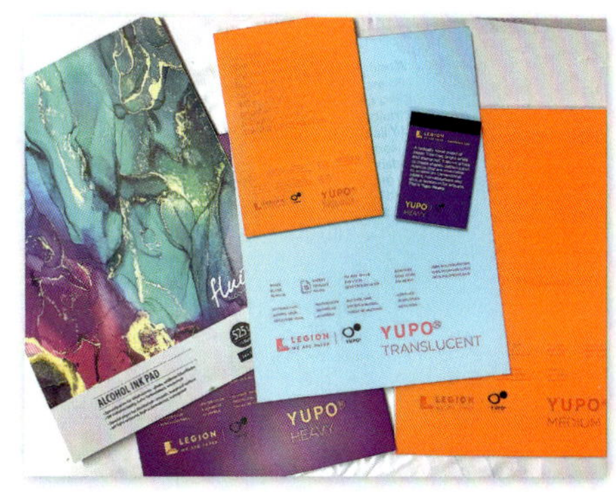


Worbla erhalten Sie auch in der Farbe Schwarz, wobei Sie sowohl Vorder- als auch Rückseite verwenden können. Mit opaken, deckenden Alcohol-Inks, Weiß und Metallic-Tönen erreichen Sie auf diesem dunklen Malgrund einzigartige Effekte, die an Makrofotografien erinnern. Worbla lässt sich auch hervorragend mit Acrylfarben bemalen. Eine vorherige farbliche Grundierung nimmt allerdings die Alkohol-Tinten nicht mehr so intensiv auf. Auf beiden Malgründen lassen sich die Tinten mit Alkohol wieder völlig an- und ablösen, was wiederum für spezielle Techniken notwendig ist.

**Leinwände bzw. Keilrahmen** eignen sich nicht optimal für die Anwendung von Alcohol-Inks. Die Textur des Gewebes bietet nicht die notwendige glatte Fläche und die Tinten lassen sich auch nicht mehr so leicht mit Alkohol entfernen. Auf jeden Fall muss die Malfläche vorher versiegelt werden. Dies kann mit Gesso-Grundierung in mehreren Schichten erfolgen. Mit weißem Farbspray lässt sich die Oberfläche ebenfalls versiegeln. Allerdings erreicht man auf diesen Grundierungen nicht die typische leichte und aquarellige Optik, die für Alcohol-Inks charakteristisch ist.

Natürlich gibt es auch noch andere Malgründe, die für Alcohol-Inks angeboten werden. Experimentieren Sie auf **Yupo-Papieren** oder anderen **glatten Kunststoff-Flächen**. Mein persönlicher Favorit ist und bleibt „Worbla".

# Glanzvolles Finish mit Resin

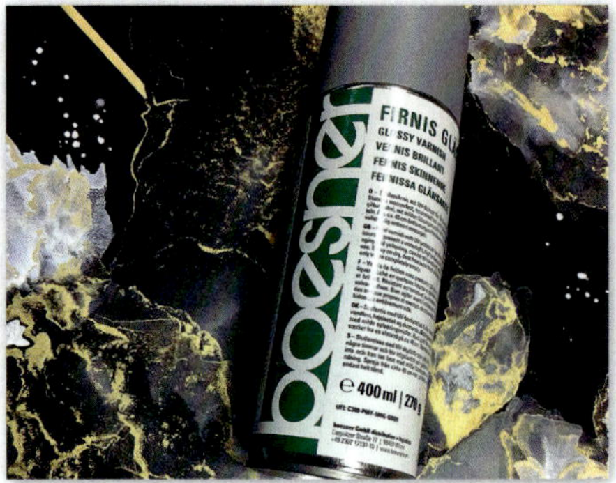


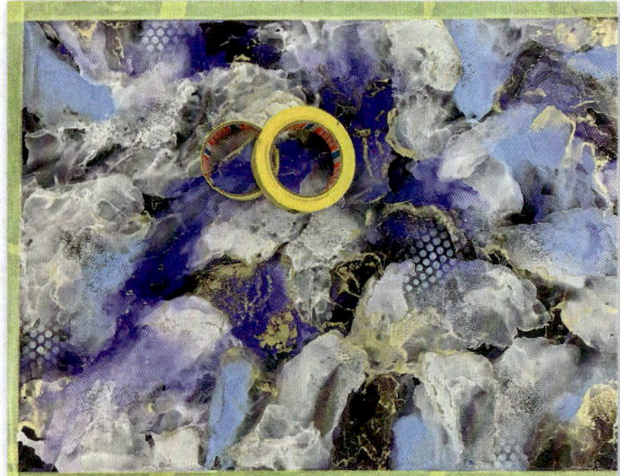

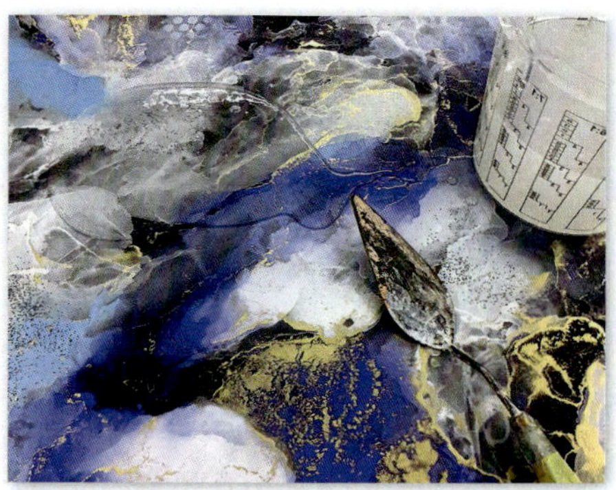

Um Bilder mit Alcohol-Inks gestalterisch noch mehr zu betonen, können diese nach Fertigstellung zusätzlich mit **Resin** überzogen werden. Dies verleiht den Werken eine glasartige, hochglänzende Oberfläche und intensiviert die Farben.
Damit sich die Pigmente während des Aufstreichens oder Gießens nicht lösen, wird das Bild vorher mit einem Acryl-Firnis-Spray versiegelt. Am besten mit integriertem UV-Schutz, da die Tinten nicht so lichtecht wie z. B. Acrylfarben sind. Da der Malgrund „Worbla" nur einige Millimeter dick ist, müssen vor dem Gießen einige Vorbereitungen getroffen werden.

Fixieren Sie zuerst eine stabile Plastikfolie auf Ihrem Arbeitstisch. Sie sollte größer als der Malgrund sein. Mit „tesa® Professional 4334 Präzisionskrepp® PLUS" befestigen Sie das Bild auf dem Untergrund. Das Klebeband sollte nicht mehr als 5 Millimeter in das Bild ragen. Danach mischen Sie Kunstharz und Härter, gemäß den Angaben des Herstellers.

Gießen Sie das fertig gemischte Resin mittig auf und verteilen Sie es gleichmäßig mit einem Spachtel über das ganze Bild. Dabei lässt sich nicht vermeiden, dass das Harz auch mit dem Klebeband in Berührung kommt und darüber läuft. Nachdem das Resin aufgetragen wurde, wird mit einer Heißluftpistole kurz und mit nötigem Abstand darüber geblasen, um eventuelle Bläschen zum Platzen zu bringen. Weiterhin nivelliert das Kunstharz sich dadurch zu einer glatten, glasklaren Oberfläche.
**Achtung!** Da es sich bei Worbla ja um ein thermoplastisches Material handelt, darf dieses Erhitzen nur sehr kurz durchgeführt werden.

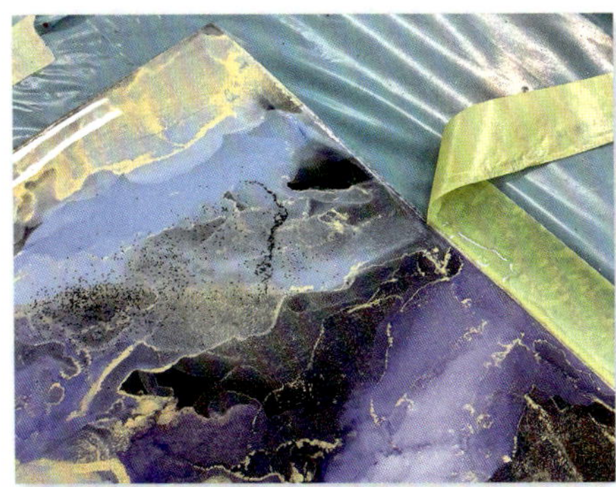

Nun ist es wichtig, dass Sie den Trocknungsprozess genau beobachten! Das Resin darf nicht ganz abgehärtet sein, bevor Sie das Klebeband wieder ablösen. Je nach Harz und Hersteller, kann dies einige Stunden dauern. Zum endgültigen Trocknen und Durchhärten das Bild auf einen sauberen, glatten Untergrund legen. Sollte sich die Malplatte dennoch einmal etwas wellen, kann diese, nach vollständiger Trocknung, mit Büchern o. Ä. beschwert und wieder glatt gepresst werden.
Statt eines klaren Resin-Überzuges, kann das Harz auch mit ein wenig Resinfarbe eingefärbt werden. Es ergeben sich dadurch sehr interessante Effekte!
Wird ein Alcohol-Ink-Bild mit Resin überzogen, kann man auf das Glas im Wechselrahmen verzichten.

**Tipp:** Experimentieren Sie mit diesem modernen und spannenden Medium und erzielen Sie damit ein ganz neues Finish mit unglaublicher Tiefenwirkung!

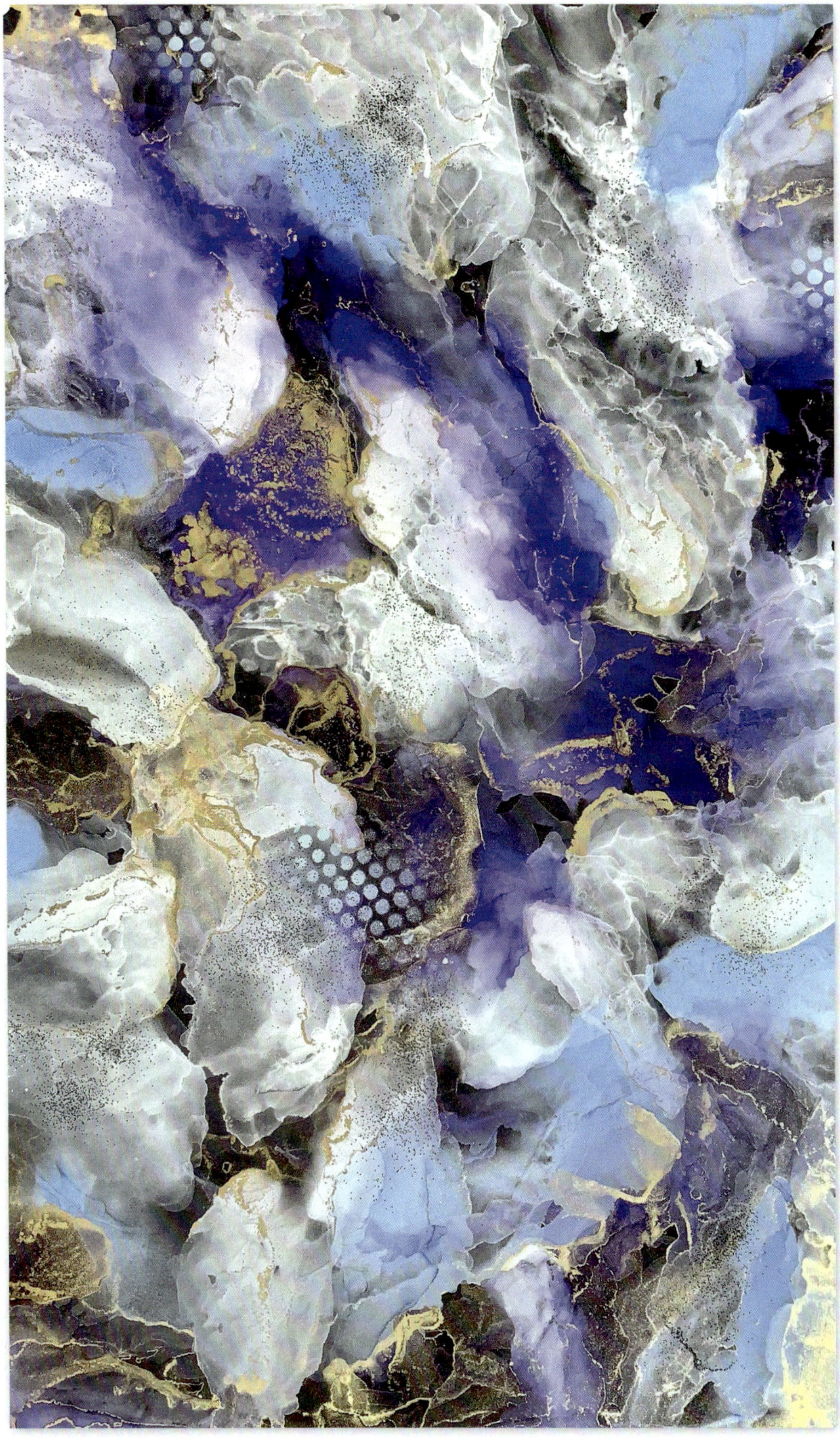

# Technik zum Malen von Blasen

Blasen und Tropfen können auch in abstrakte Bilder integriert werden und lösen immer große Begeisterung aus. Die Abstraktion verlangt oft nach konkreten Kontrasten wie Drippings (engl. für „getropfte Malerei"), harten Konturen oder eben „Blasen".
Es ist auch gar nicht schwer diese Blasen zu malen. Es ist eine Sache von Licht und Schatten – und wenn man die erste gelungene Blase gemalt hat, kann man auch alle anderen wässrigen Objekte wie z. B. Tränen oder Tropfen umsetzen. Die Blasen sollten nicht langweilig neben- oder übereinander angeordnet werden. Kleine Grüppchen, mit etwas Abstand zueinander, machen das Bild spannender und dynamischer. Wichtigstes Utensil ist dabei ein dünner feiner Synthetikpinsel mit einer perfekten Spitze. Leider sind sich die Hersteller in den Größenangaben nicht einig, so dass diese von Firma zu Firma stark variieren. Orientieren Sie sich beim Kauf an der Spitze der Pinselhaare.
Zum Malen von Blasen, Tropfen etc. sollten Sie immer die Farbe des Untergrundes verwenden und diese etwas abdunkeln. In meinem Beispiel habe ich Türkis mit etwas Blau abgetönt. Die Plastizität ergibt sich durch den „Eigenschatten", den „Schlagschatten" und die „Glanzlichter".

*Schablone, Münzen oder Ähnliches auf die gewünschte Stelle legen und den äußeren Umriss mit einem spitzen Bleistift nachziehen.*

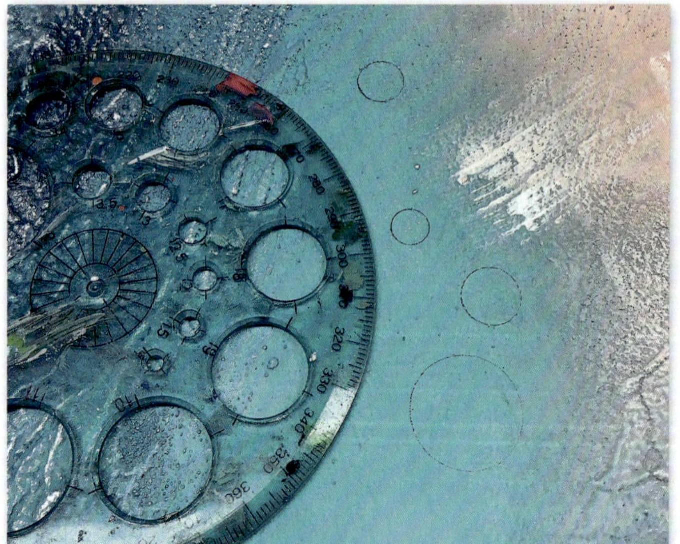

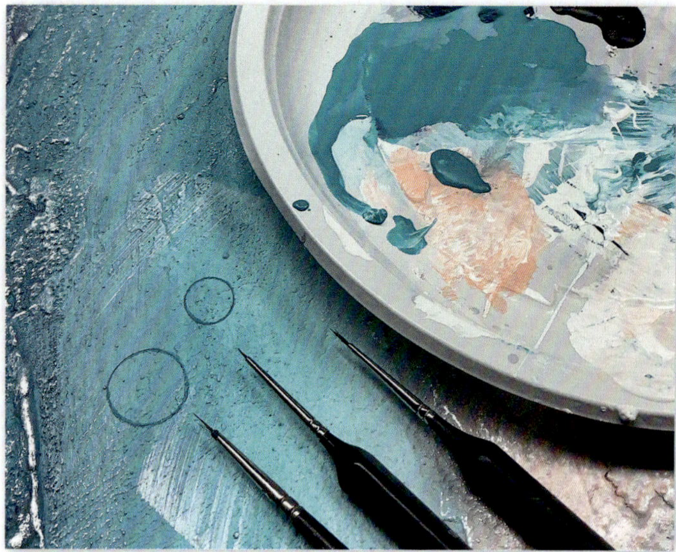

*Acrylfarbe in der Farbe des Untergrundes auf einen Teller geben und etwas abdunkeln. Mit sehr wenig Wasser verdünnen. Mit der Spitze eines feinen Rundpinsels die Kontur nachziehen. Dabei den Pinsel senkrecht halten, damit die Kontur möglichst dünn ausfällt.*

*Die etwas verdünnte Farbe aufnehmen und diese für den Eigenschatten halbmondförmig im oberen Drittel auftragen. Pinsel auswaschen und die innere Kontur sofort mit dem feuchten Pinsel nach unten verblenden. Im unteren Bereich der Blase sollte der Untergrund noch zu erkennen sein.*

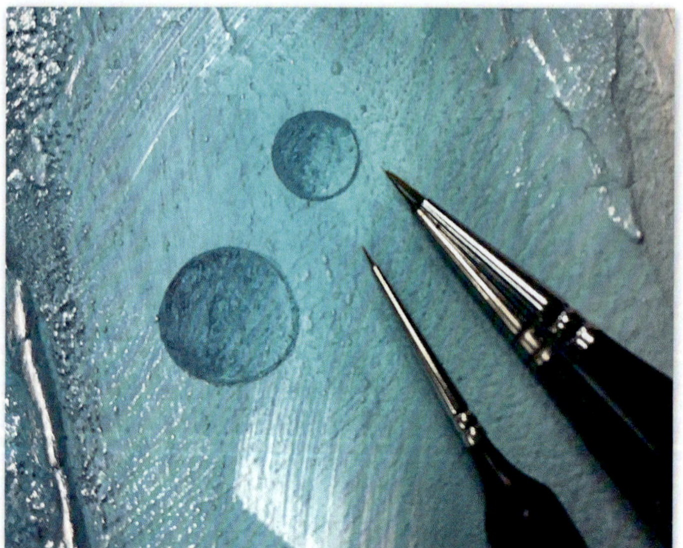

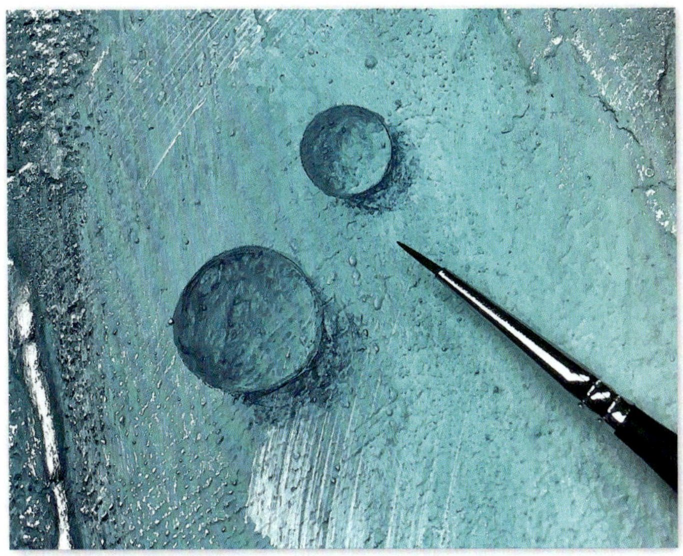

*Direkt unterhalb der Blase, gegenüber dem oberen Schatten, den Schlagschatten im Halbrund setzen und ebenfalls sofort mit Wasser nach unten verblenden. Direkt an der Kante sollte der Schatten am dunkelsten sein.*

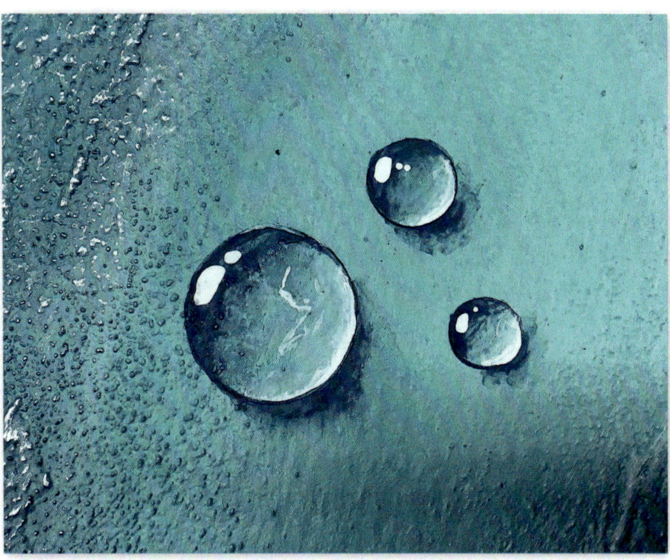

*Bei größeren Blasen können mit der Spitze des Pinsels noch feine Akzente in Weiß eingezeichnet werden.*

*Weiße Acrylfarbe unverdünnt und deckend aufnehmen und damit zwei „Tüpfelchen" auf den oberen dunklen Schatten setzen. Im Halbrund an die untere innere Kontur setzen und sofort mit ein wenig Wasser anlösen und zur Mitte hin verziehen.*

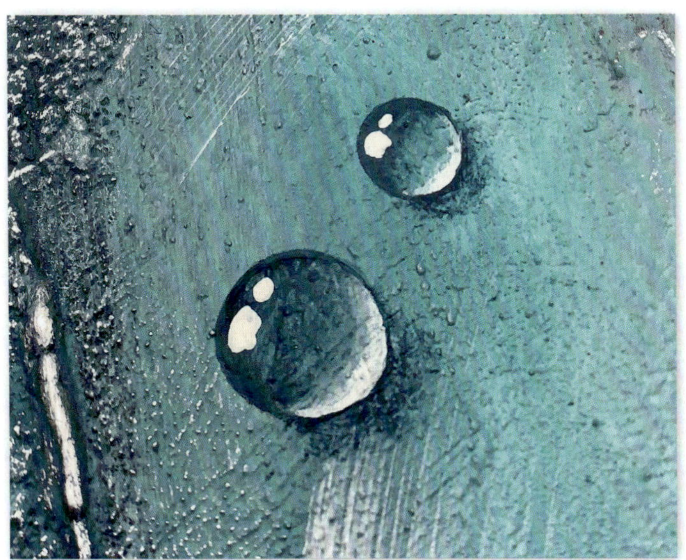

Damit Ihnen die Blasen perfekt gelingen, hier noch ein paar persönliche Tipps:

- FAUSTREGEL: Schatten – oben innen und unten außen; Glanzlichter – oben innen und im Halbrund unten innen.
- Die Konsistenz der Farbe für die Schatten ist ausschlaggebend: Zu flüssig deckt sie nicht ausreichend, zu pastos lässt sie sich nicht mit Wasser anlösen.
- Nach dem Trocknen können Schatten jederzeit noch einmal vertieft werden.
- Die beiden Glanzlichter im oberen Bereich sollten eng aneinandergesetzt werden, da die Blase sonst einem „Smiley" ähnelt.
- Eine besondere Affinität zu Wasser erhalten die Blasen, wenn Sie diese mit klarem Acryl-Glanzlack oder Kunstharz (Resin) bemalen.

# Blue Challenge

**Alcohol-Inks:**

- Snowflake (Octopus)
- Blueberry (Octopus)
- Opak Blue Moon (Octopus)
- Gold Rush (Octopus)

**Weiteres Arbeitsmaterial:**

- 1 Platte Worbla Black, 50 x 75 cm
- Alkohol 99,9 %
- Nadelfläschchen
- Farbspray in Hellblau
- schwarzer Glitter (z. B. Hemway)
- Karton-Unterlage
- Cutter
- Metall-Lineal
- Föhn
- Schablone mit Kreisen
- Acryl-Glanzfirnis mit UV-Schutz, zum Sprühen

**1. Schritt**

Die Worbla-Platte auf einen Karton legen und mithilfe von Cutter und Metall-Lineal auf das Maß 50 x 70 cm zuschneiden. Dieses Format passt in jeden handelsüblichen Wechselrahmen!

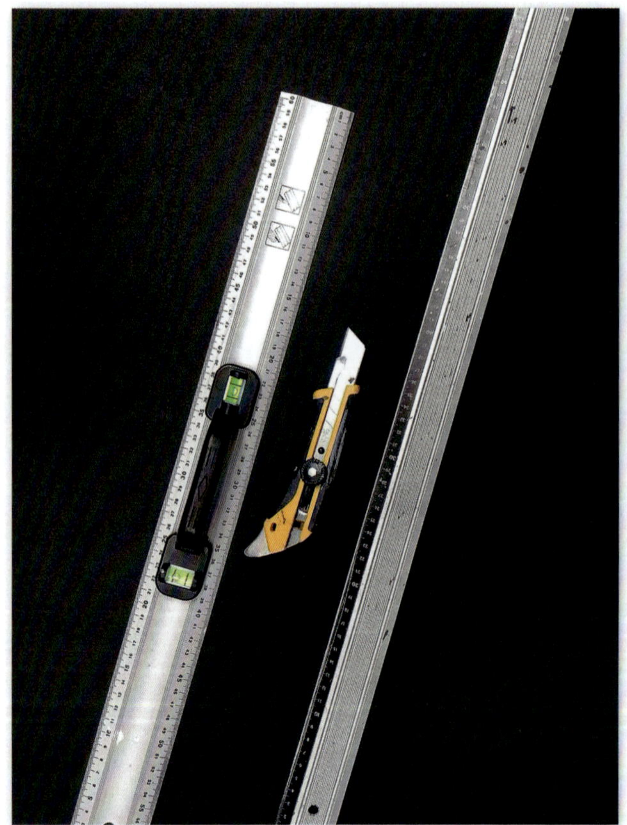

### 2. Schritt

Weiße Tinte in ein Nadelfläschchen geben und mit Alkohol verdünnen. Etwas Alkohol an beliebiger Stelle auftropfen, das verdünnte Weiß dazugeben und sofort mit einem Föhn verblasen. Einige weitere Elemente auf diese Weise anlegen. Für eine höhere Deckkraft kann zwischendurch auch unverdünnte Tinte zum Einsatz kommen – diese lässt sich aber nicht mehr so gut wieder anlösen.

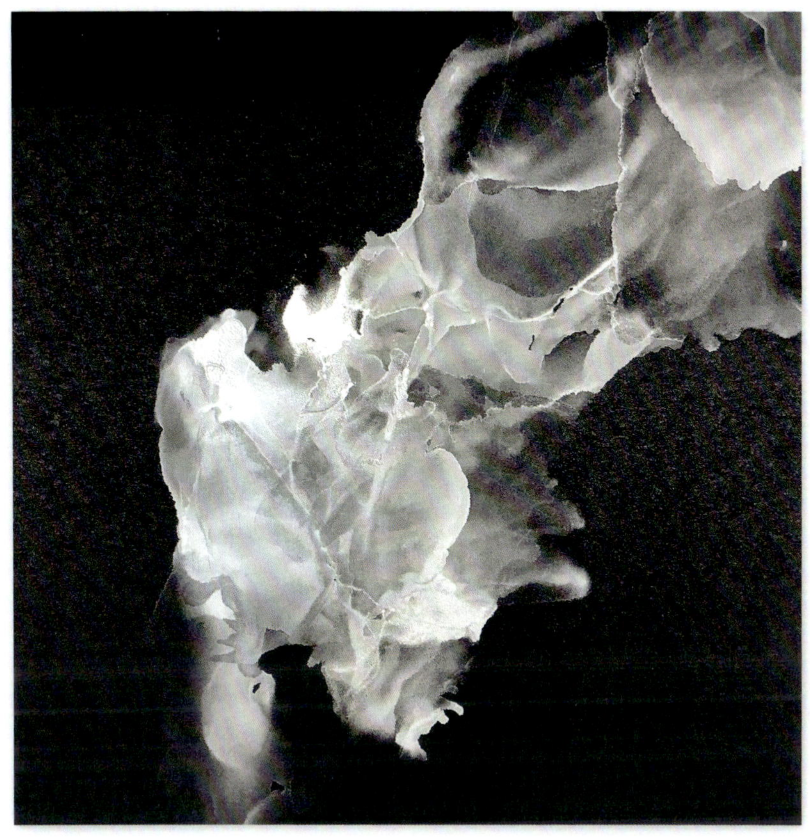

### 3. Schritt

Nach und nach auch das kräftige Blau und ein wenig Gold hinzufügen. Die einzelnen Formen miteinander verbinden. Stellenweise darf der dunkle Untergrund noch zu sehen sein.

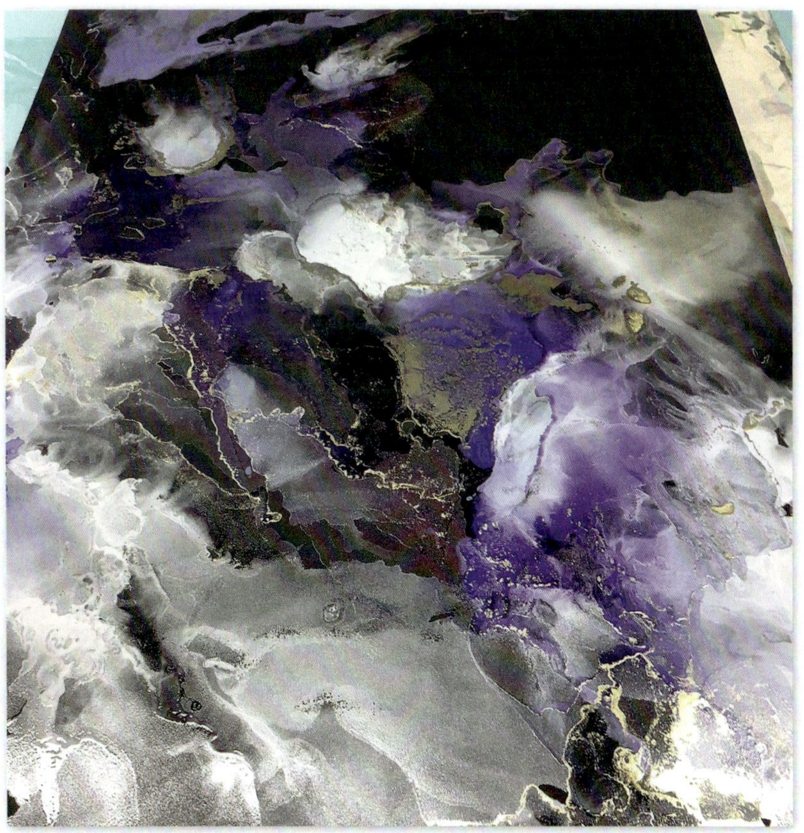

### 4. Schritt

Für Helligkeiten Tinte in Hellblau auftropfen, etwas Gold dazugeben, mit Alkohol umranden und ebenfalls verblasen. Dies kann so oft wiederholt werden, bis sich ein stimmiges harmonisches Bild ergibt.

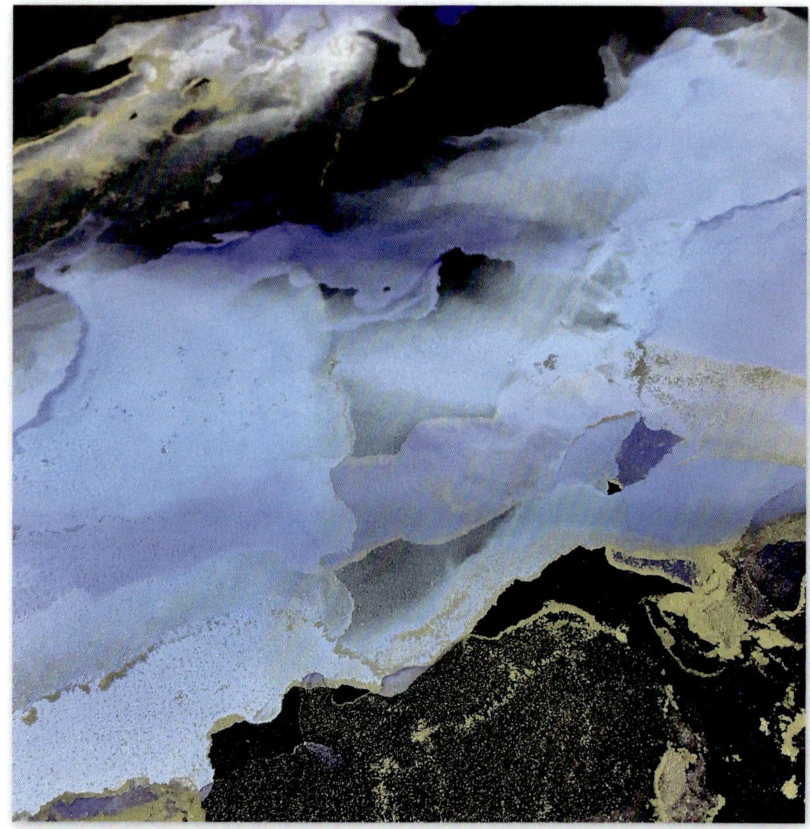

### 5. Schritt

Die Schablone auflegen und den Rest des Bildes gut abdecken. Sparsam und mit kurzen Druckstößen Farbspray in Hellblau über die Schablone sprühen. An weiteren gewünschten Stellen wiederholen.
An einigen hellen Stellen etwas Acryl-Glanzfirnis aufsprühen und mit einem weichen Pinsel etwas schwarzen Glitter aufstäuben. Nach dem Trocknen das gesamte Bild noch einmal mit Acryl-Glanzfirnis gleichmäßig und dünn besprühen.

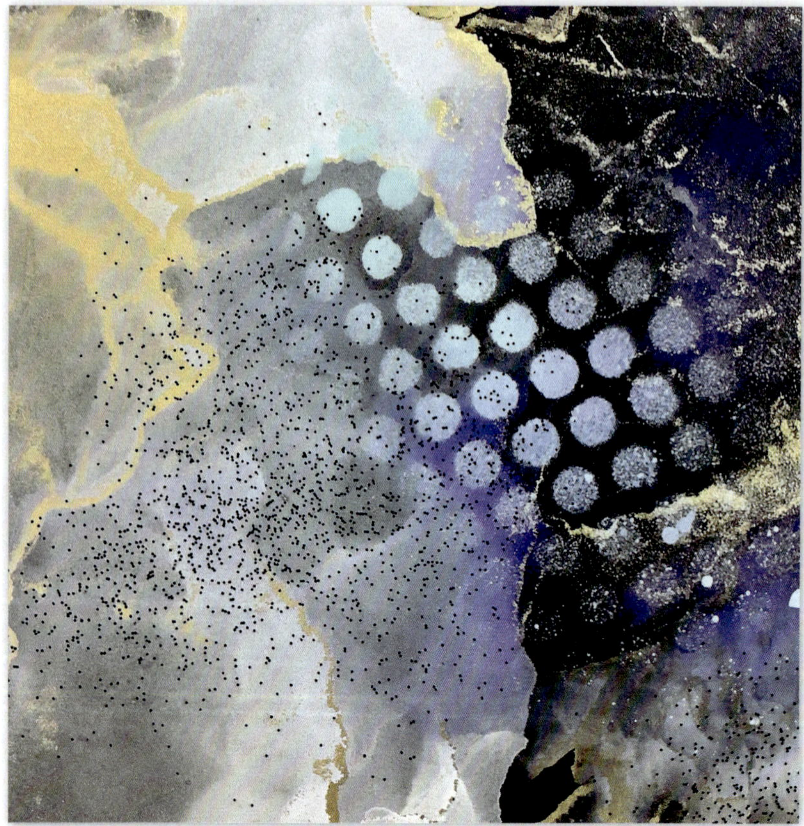

**Tipp:** Mit feinem, farbigen Granulat oder Glitter (z. B. Hemway) lassen sich bei den Bildern noch gezielt Akzente setzen.

## Fertiges Bild

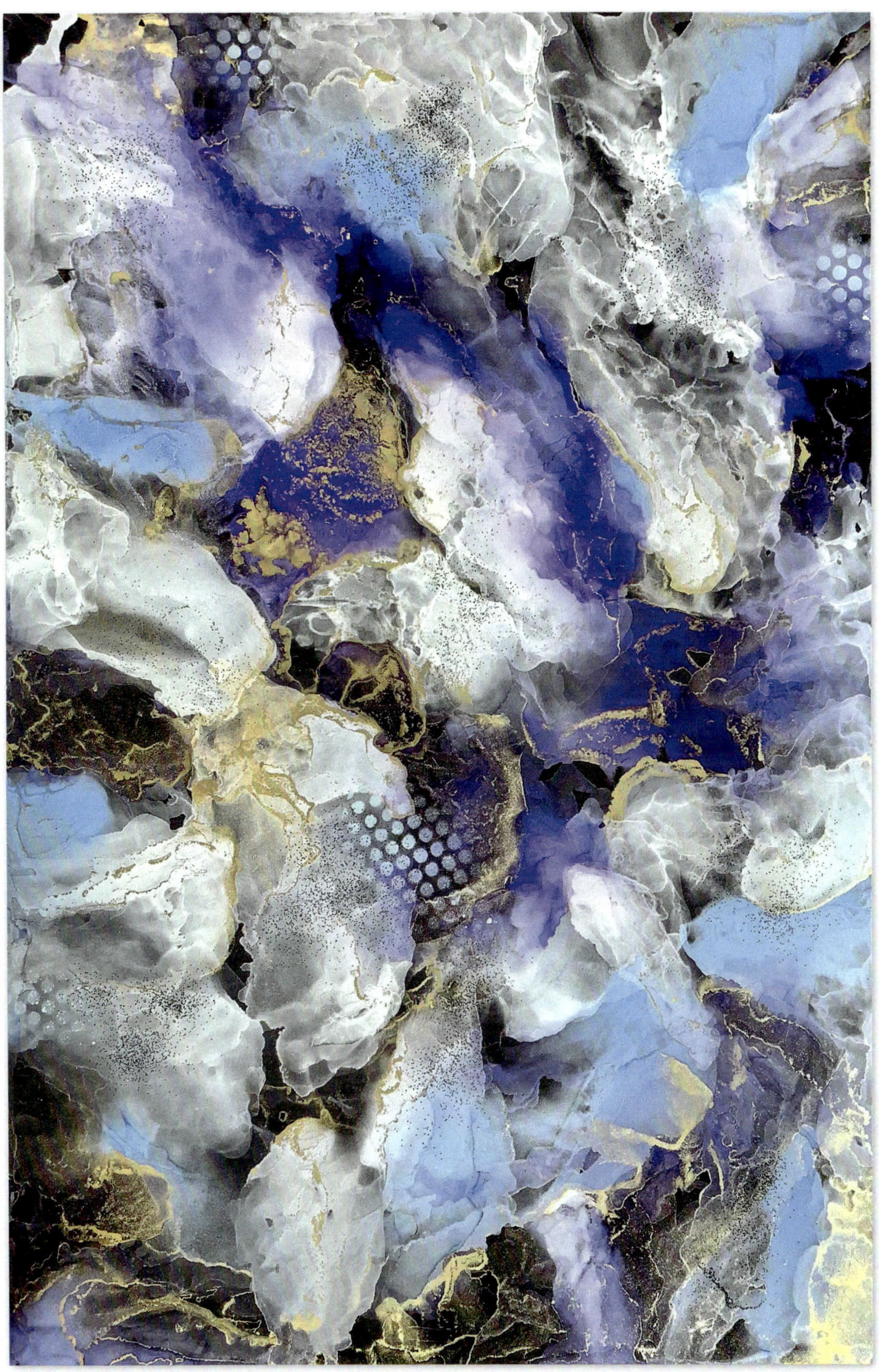

# Lightning

**Alcohol-Inks:**

- Sapphire Blue (Pinata)
- Berry Juice (Octopus)
- Gold Rush (Octopus)

**Weiteres Arbeitsmaterial:**

- 1 Platte Worbla Pearly, 50 x 75 cm
- Alkohol, 99,9 %
- 3-D-Dekoliner
- Metallic-Effektfolie in Gold
- Flitter in Blau
- Nadelfläschchen
- Karton-Unterlage
- Cutter
- Metall-Lineal
- Föhn
- Bleistift
- Schablone mit Hexagonen
- Acryl-Glanzfirnis mit UV-Schutz zum Sprühen

**1. Schritt**

Die Worbla-Platte auf einen Karton legen und mithilfe von Cutter und Metall-Lineal auf das Maß 50 x 70 cm zuschneiden. Dieses Format passt in jeden handelsüblichen Wechselrahmen!

In ein Nadelfläschchen Alkohol füllen und einige Tropfen Gold Rush dazugeben. Am rechten Bildrand einige Tropfen Blau und Rot aufsetzen. Das verdünnte Gold dazugeben und mit dem Föhn verblasen.

Wieder Farbe und Alkohol im Anschluss setzen und so verblasen, dass sich diagonal ein durchgehendes Muster ergibt.

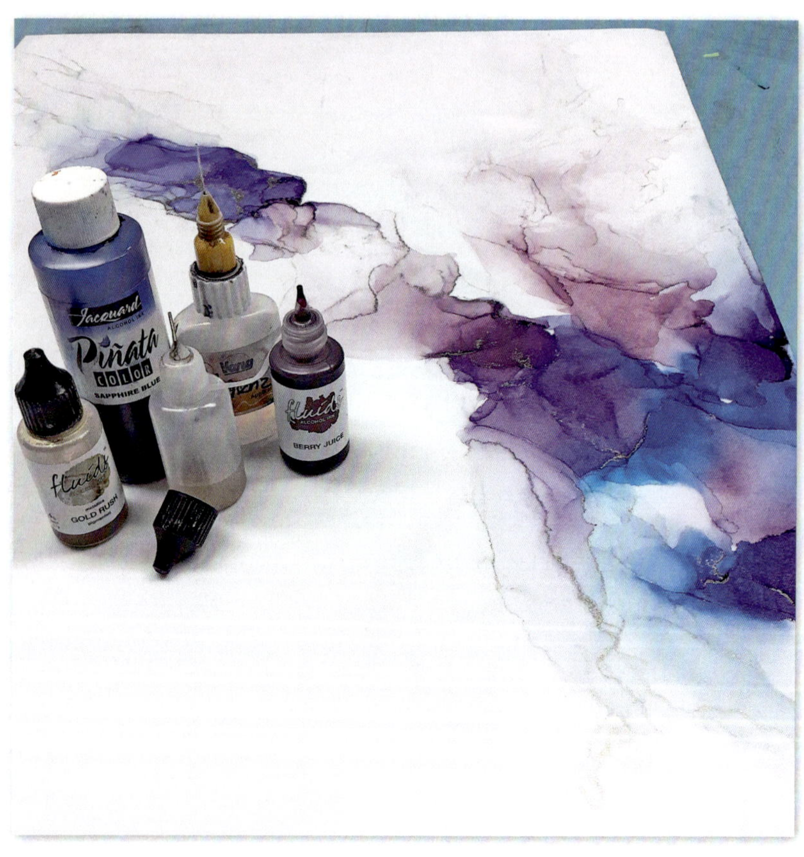

## 2. Schritt

Auf der linken unteren Bildseite mit den gleichen Tinten ein weiteres Motiv hinzufügen. Auch hier die Konturen wieder mit Alkohol anlösen und verblasen.

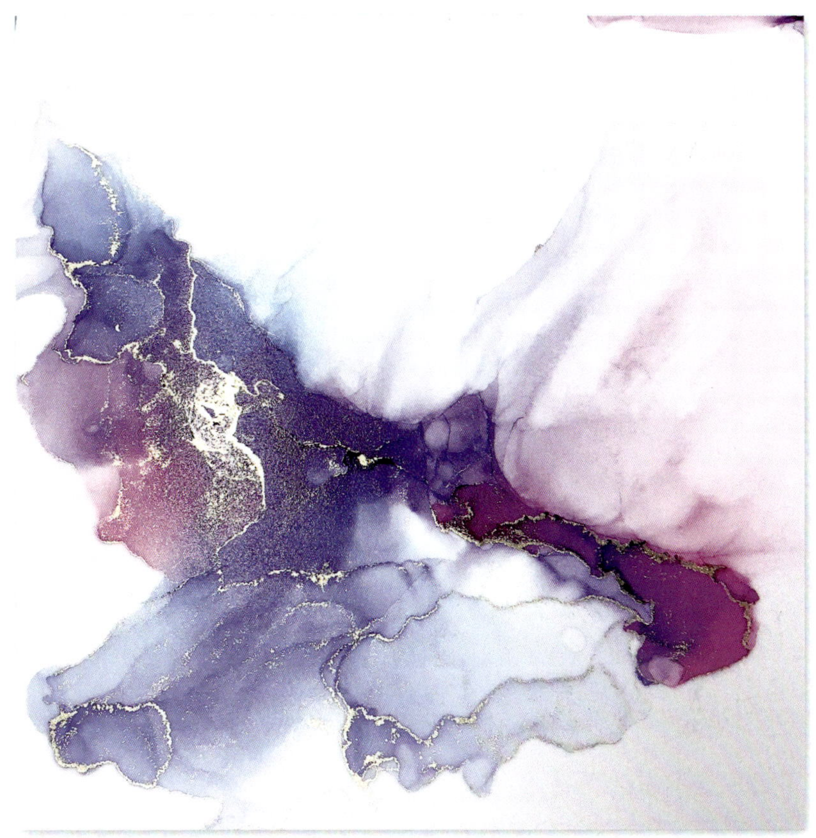

## 3. Schritt

An beliebigen Stellen die Schablone auflegen und mit einem Bleistift Hexagon-Konturen aufzeichnen. Mit 3-D-Dekoliner alle Linien sorgfältig nachziehen. Trocknen lassen, bis sich die milchig-weiße Masse transparent zeigt. Am besten über Nacht trocknen lassen.

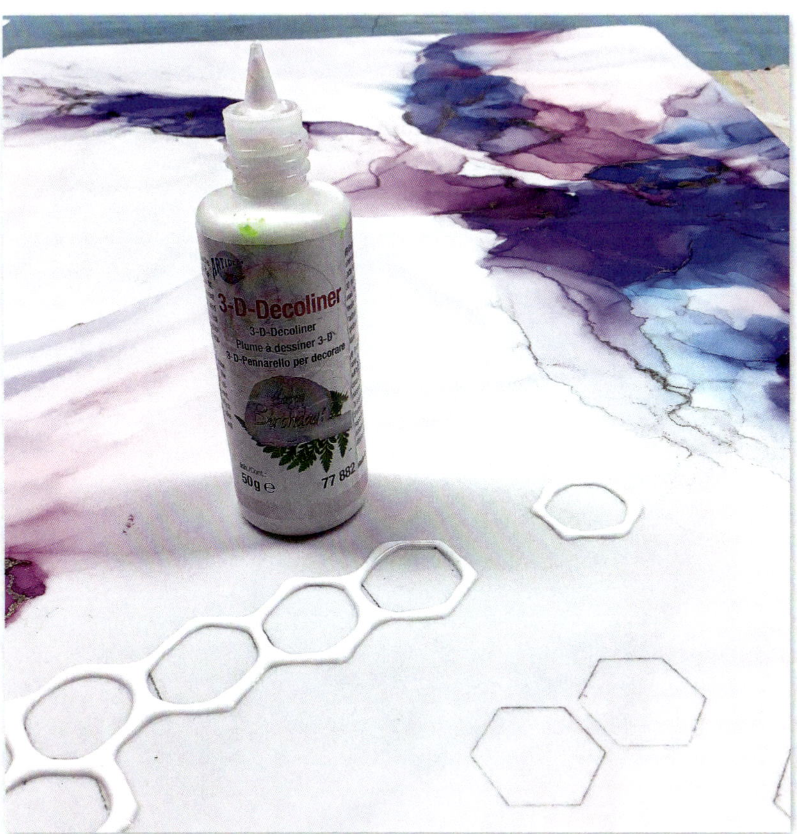

**4. Schritt**

Metallic-Effektfolie, mit der glänzenden Seite nach oben, auf das Muster legen, fest andrücken und wieder abziehen. Dies so oft wiederholen, bis alle Linien vergoldet sind.

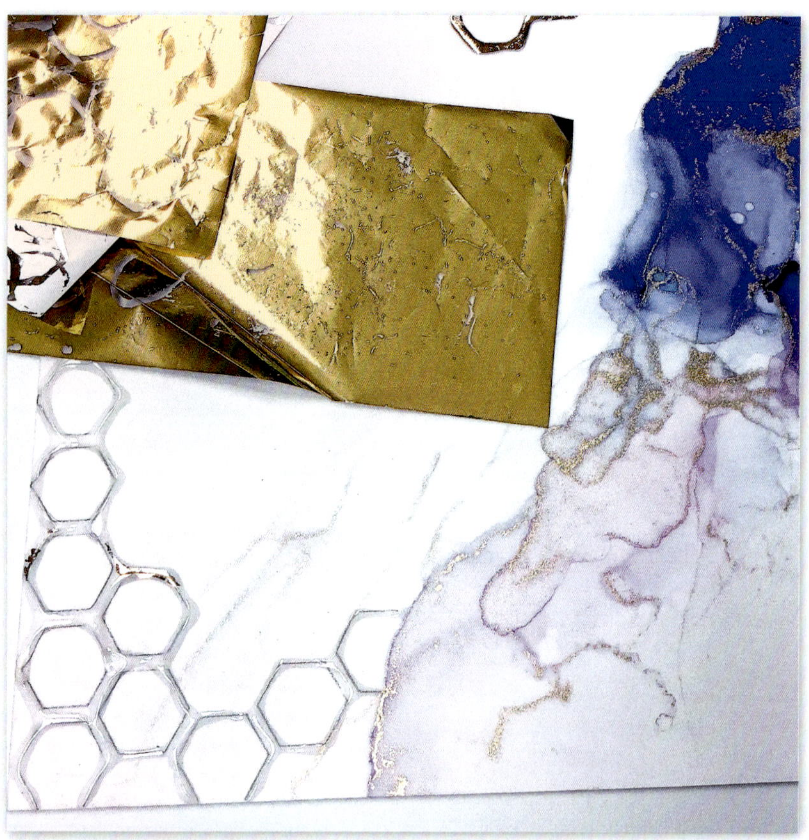

**5. Schritt**

An beliebiger Stelle etwas Glanzfirnis aufsprühen und mit einem Pinsel ein wenig blauen Flitter aufstäuben. Abschließend noch einmal das ganze Bild mit Glanzfirnis besprühen, damit der Flitter fixiert ist und die Tinten nicht ausbleichen.

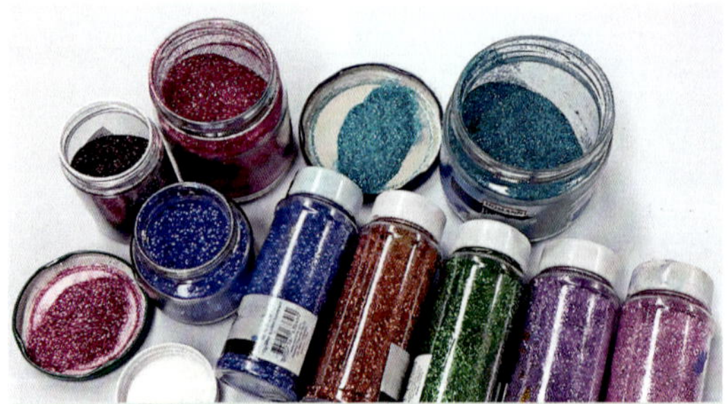

**Tipp:** Flitter eignet sich hervorragend, um kleine glitzernde Highlights zu setzen. Damit es nicht kitschig wirkt, diesen nur sparsam anwenden oder direkt auf die noch feuchte Tinte stäuben.

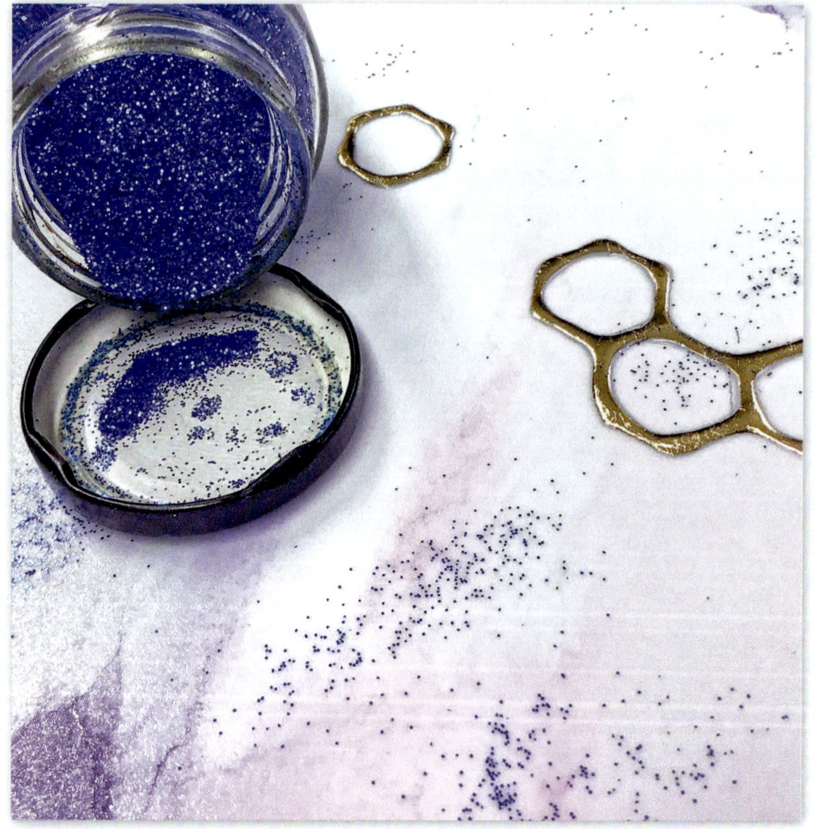

## Fertiges Bild

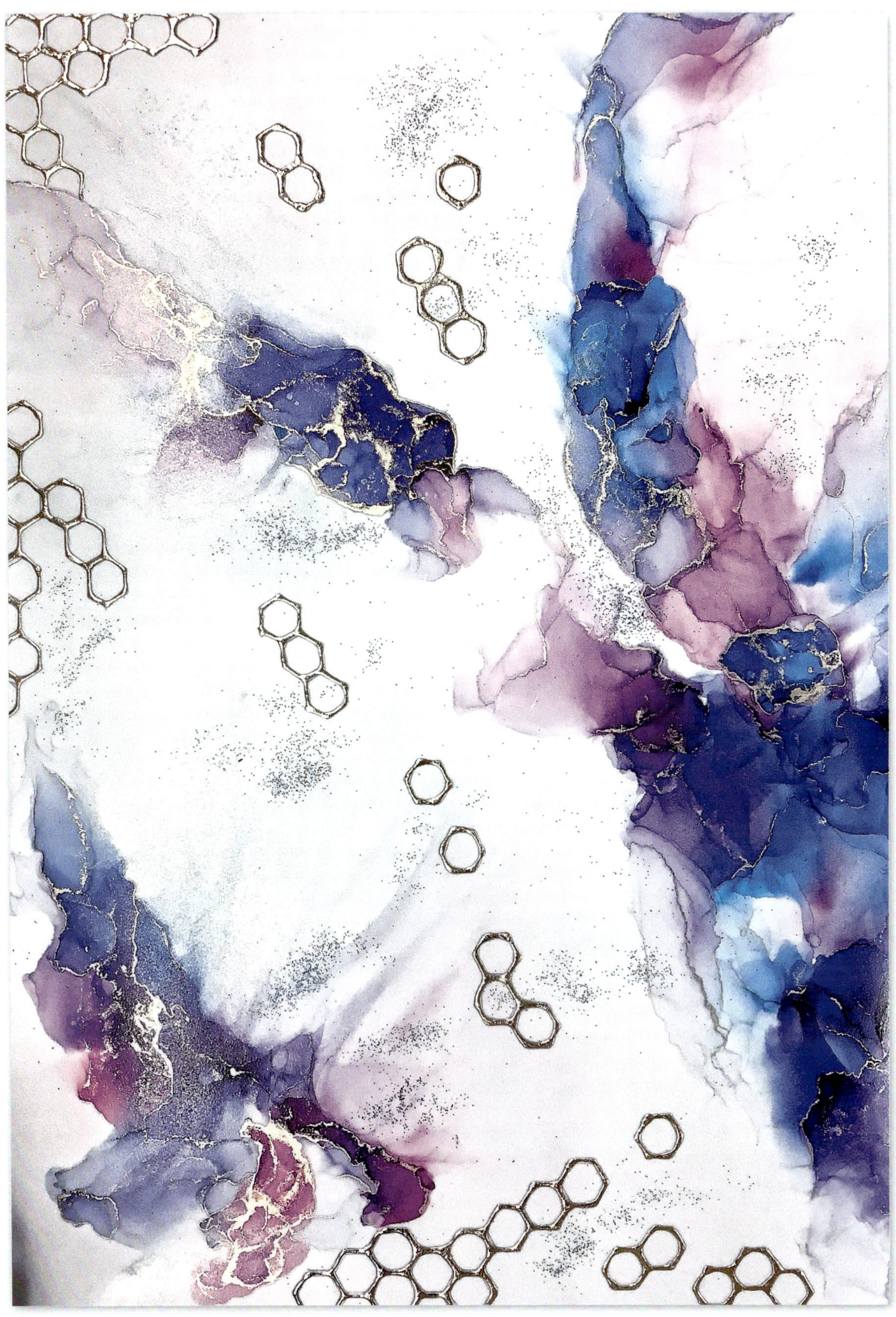

# Goldrush

**Alcohol-Inks:**

- Senorita Magenta (Pinata)
- Purple (Pinata)
- Gold Rush (Octopus)
- Blue Sapphire (Octopus)

**Weiteres Arbeitsmaterial:**

- 1 Platte Worbla Paerly, 50 x 75 cm
- Alkohol, 99,9 %
- Bronzepulver in Reichbleichgold (z. B. Guardi)
- Bronze-Tinktur (Guardi)
- Strukturpaste und Spachtel
- Acrylfarben in Permanentgrün hell (Lascaux), Purpurrot (Lukas), Weiß (Lukas), Magenta (Lukas)
- Nadelfläschchen
- Karton-Unterlage
- Cutter
- Metall-Lineal
- Strohhalm
- großer, weicher Rundpinsel
- Vario-Top-Pinsel, Gr. 12 (Da Vinci)
- kleine Schaumstoffwalze
- Acryl-Glanzfirnis mit UV-Schutz, zum Sprühen

**1. Schritt**

Die Worbla-Platte auf einen Karton legen und mithilfe von Cutter und Metall-Lineal auf das Maß 50 x 70 cm zuschneiden. Dieses Format passt in jeden handelsüblichen Wechselrahmen!

Tinten Senorita Magenta, Purple, wenig Blue Sapphire und sparsam Gold Rush auf eine Stelle der Malfläche tropfen. Mit Alkohol am Rand anlösen und mit dem Strohhalm zu einer blütenförmigen Fläche verblasen. Die helleren Außenränder wieder mit Alkohol anlösen und ebenfalls verblasen. Diese Schritte so oft an weiteren Stellen des Malgrundes wiederholen, bis circa 8 Farbflächen vorhanden sind. Nach dem Trocknen die Tinten mit Acryl-Glanzfirnis besprühen, damit die Pigmente gebunden werden.

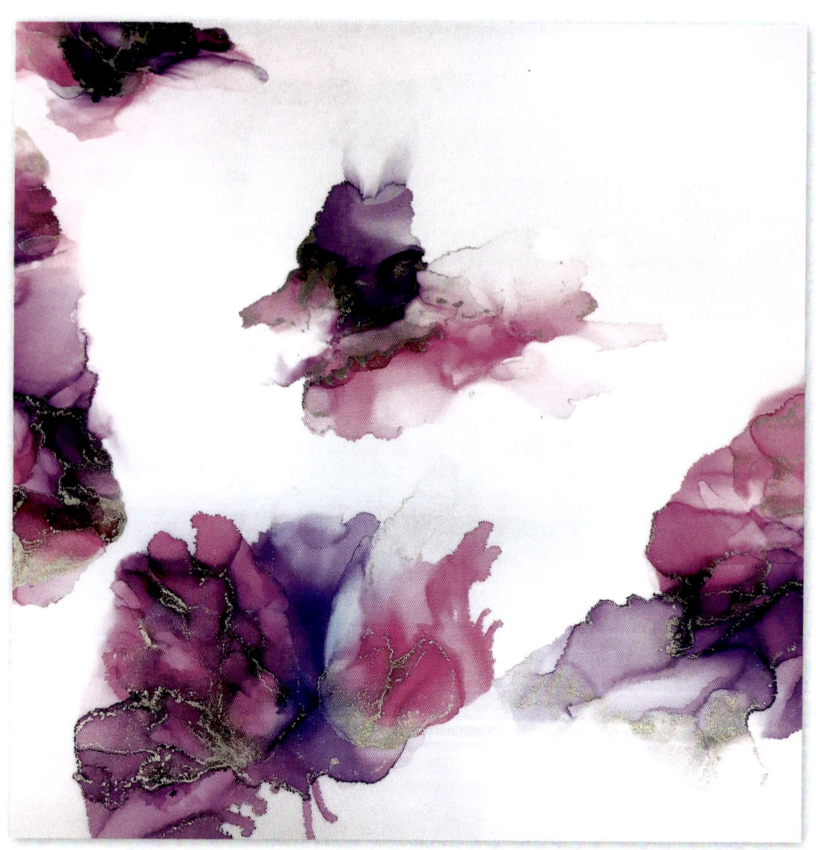

## 2. Schritt

Nachdem der Firnis getrocknet ist, mit einem Spachtel Strukturpaste auftragen. Dabei die blütenförmigen Farbaufträge etwas aussparen und die Übergänge der Spachtelmasse uneben lassen. Über Nacht trocknen lassen.

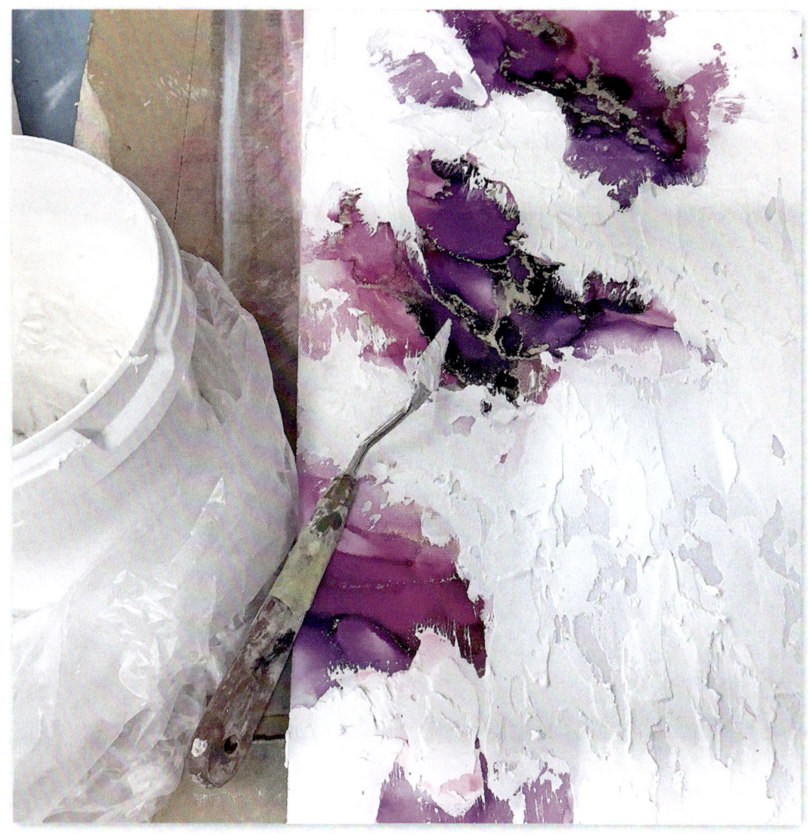

## 3. Schritt

Die Acrylfarben auf getrennte Teller geben, mit Wasser stark verdünnen und mit Weiß aufhellen. Mit dem großen weichen Rundpinsel die verwässerten Farben abwechselnd auf die Strukturpaste pinseln. Den rechten oberen Teil überwiegend mit Weiß bemalen. Trocknen lassen.

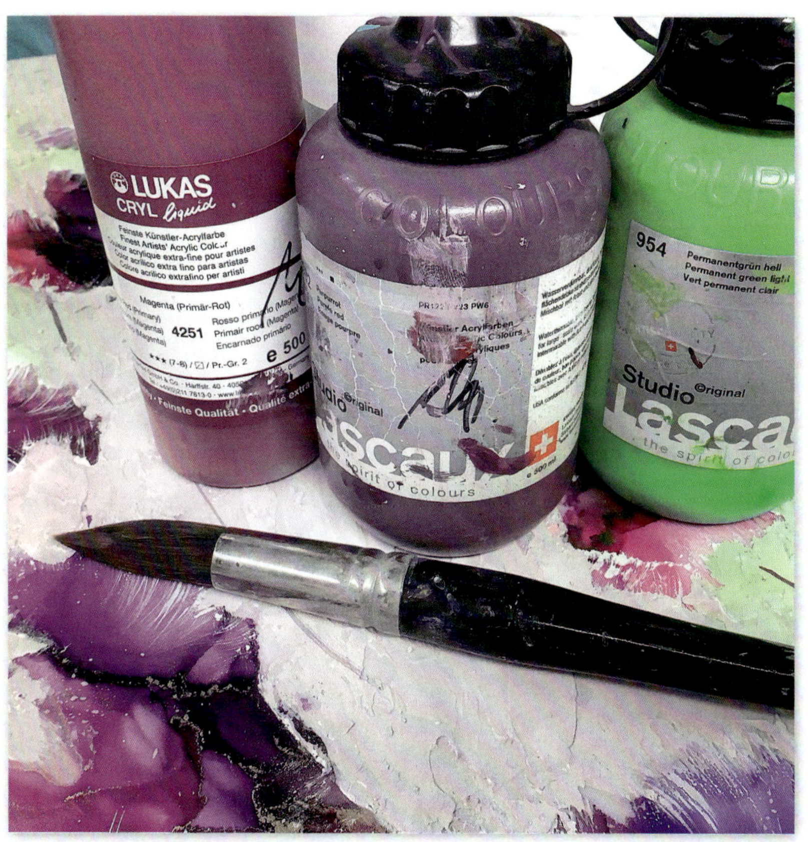

**4. Schritt**

Mit dem Vario-Top-Pinsel weiße verdünnte Farbe aufnehmen und feine Linien in die Motive ziehen. Auf Wunsch können mit einem feinen Rundpinsel noch Stiele angedeutet werden.

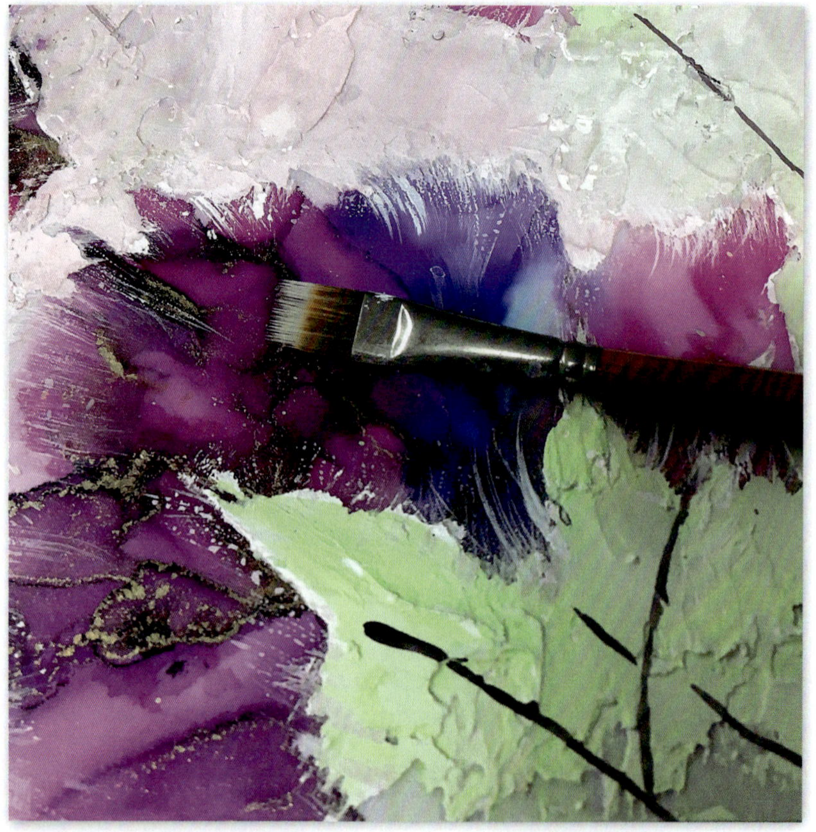

**5. Schritt**

Bronze-Tinktur in ein kleines Glasgefäß mit Deckel geben und Bronzepuder in Reichbleichgold einrühren. Etwas von der flüssigen Bronze auf einen Teller oder eine Palette gießen. Eine kleine Schaumstoffwalze ins Wasser tauchen und in einem Tuch wieder fest ausdrücken. Mit der Walze die Bronze aufnehmen und damit ohne Druck über die Strukturen rollen.

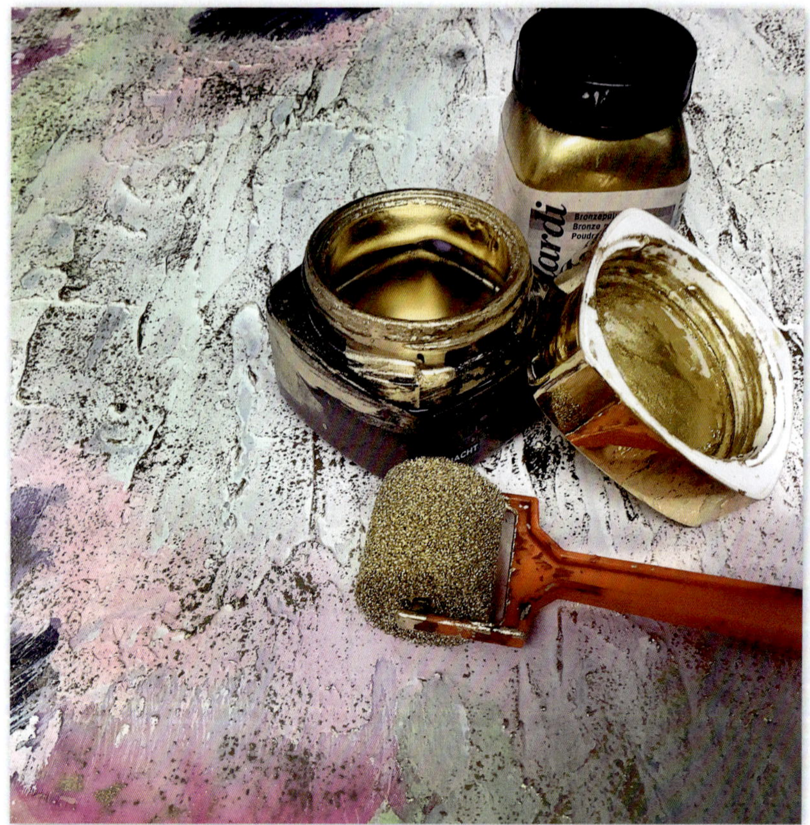

**Tipp:** Die selbst gemischte Bronze-Tinktur ist sehr geruchsintensiv und sollte immer in einem kleinen Glasgefäß mit Schraubverschluss aufbewahrt werden.

Fertiges Bild

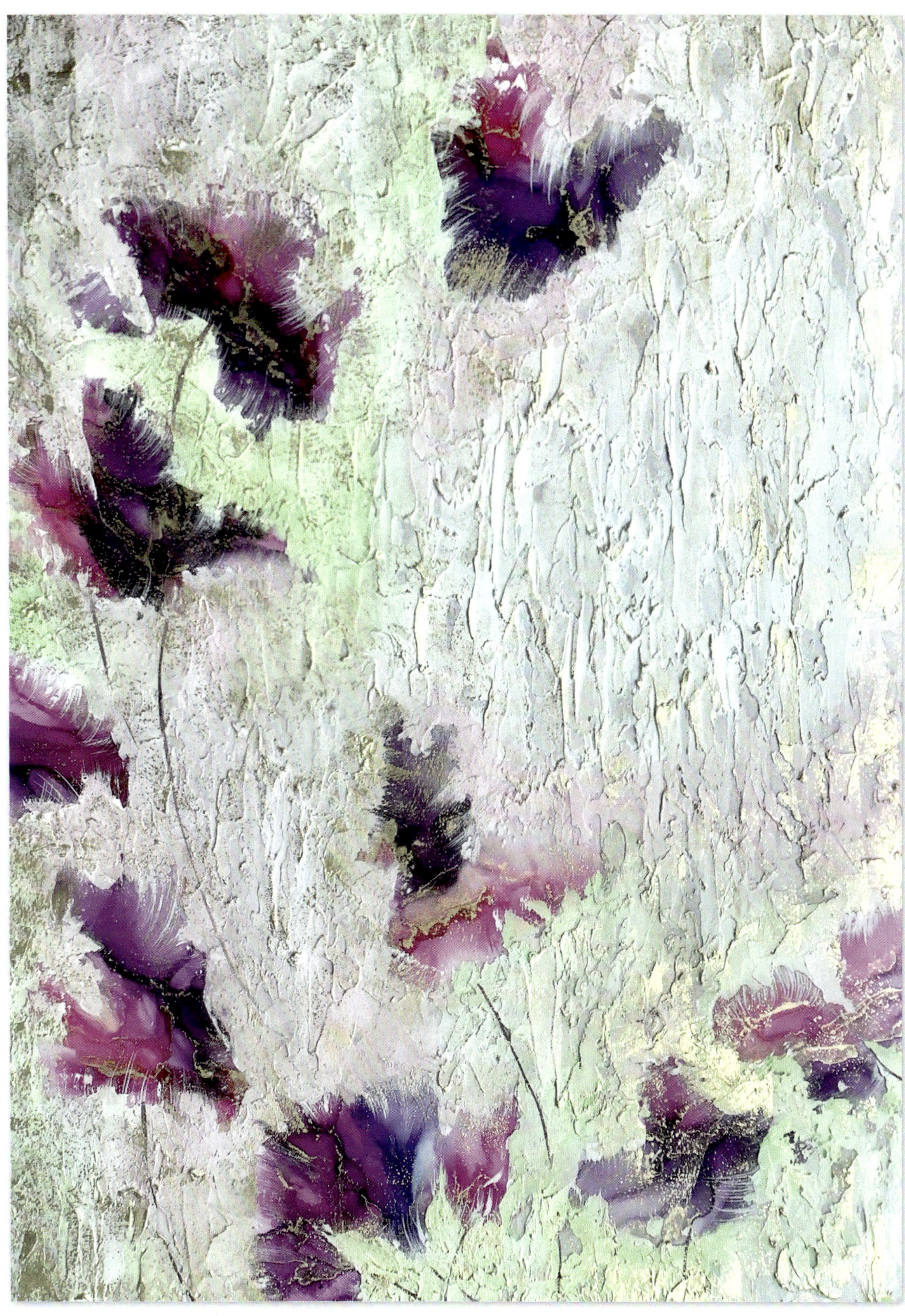

# Springtime

**Alcohol-Inks:**
- Caribik Opak (Octopus)
- Gold Rush (Octopus)
- Mantilla Black (Pinata)
- Passion Purple (Pinata)
- Senorita Magenta (Pinata)

**Weiteres Arbeitsmaterial:**
- 1 Platte Worbla Pearly, 50 x 75 cm
- Karton-Unterlage
- Cutter
- Metall-Lineal
- Alkohol, 99,9 %
- Nadelfläschchen
- Strohhalm, Blasebalg oder Föhn
- dünner Lackmarker in Gold (Edding)
- flüssige Goldbronze

**1. Schritt**

Die Worbla-Platte auf einen Karton legen und mithilfe von Cutter und Metall-Lineal auf das Maß 50 x 70 cm zuschneiden.

Tinte in Blau, Magenta und Violett im unteren linken Bereich auftropfen. Etwas Gold dazugeben. An den Außenkanten einige Tropfen Alkohol auftragen und mit einem Strohhalm in die gewünschte Richtung blasen. Die Außenränder immer wieder mit Alkohol anlösen und verblasen, bis sich feine helle Ränder bilden.

Um die Farben abzudunkeln, kann ab und zu noch ein Tropfen Tinte in Schwarz dazu gegeben werden.

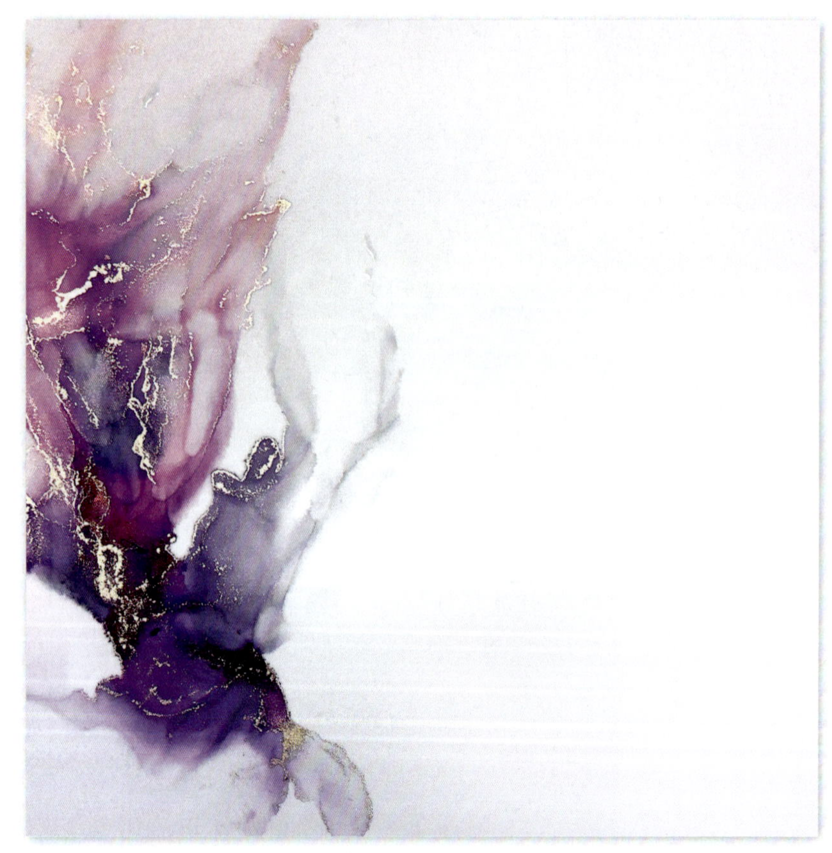

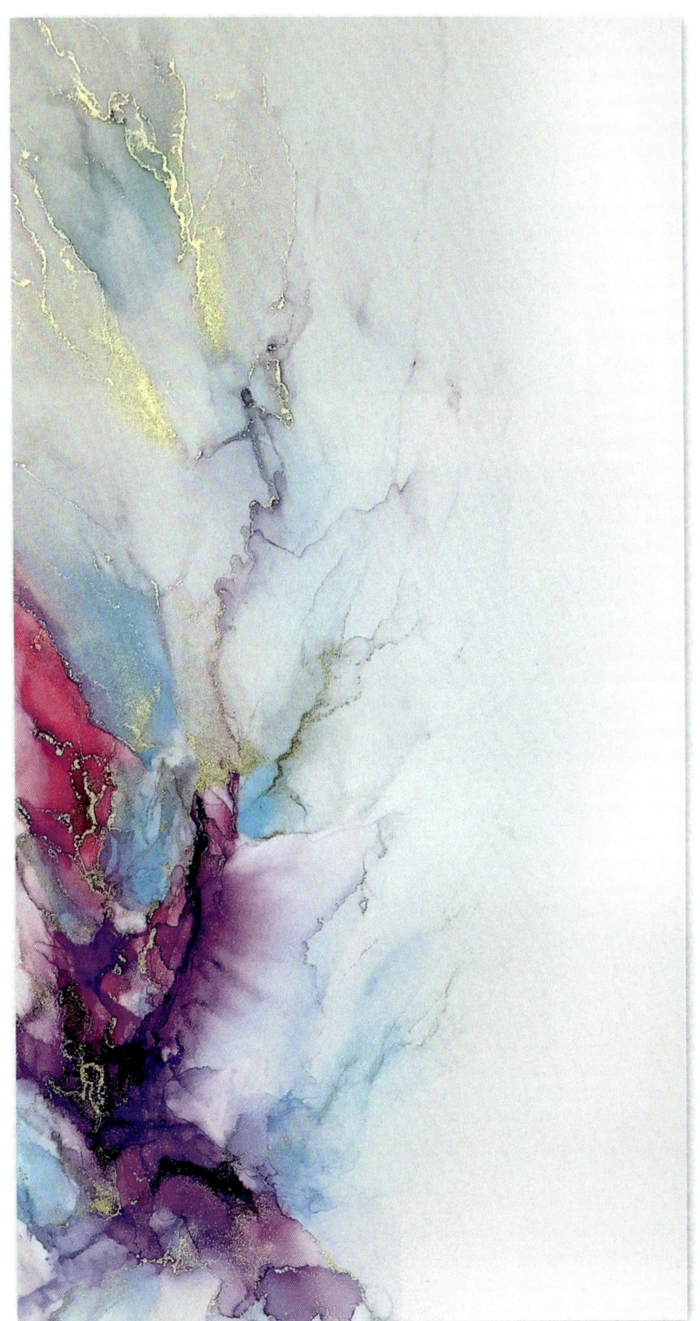

## 2. Schritt

Tinte in Türkis auftropfen und mit Alkohol verblasen. Sie können wahlweise Strohhalm, Blasebalg oder Föhn verwenden. Es ergeben sich wunderschöne Mischtöne aus dem opaken Türkis und den Violett- und Magenta-Tönen. Die Tinten weiterhin abwechselnd auftragen, mit Alkohol anlösen und verblasen. Zum oberen Bildrand hin heller werden.

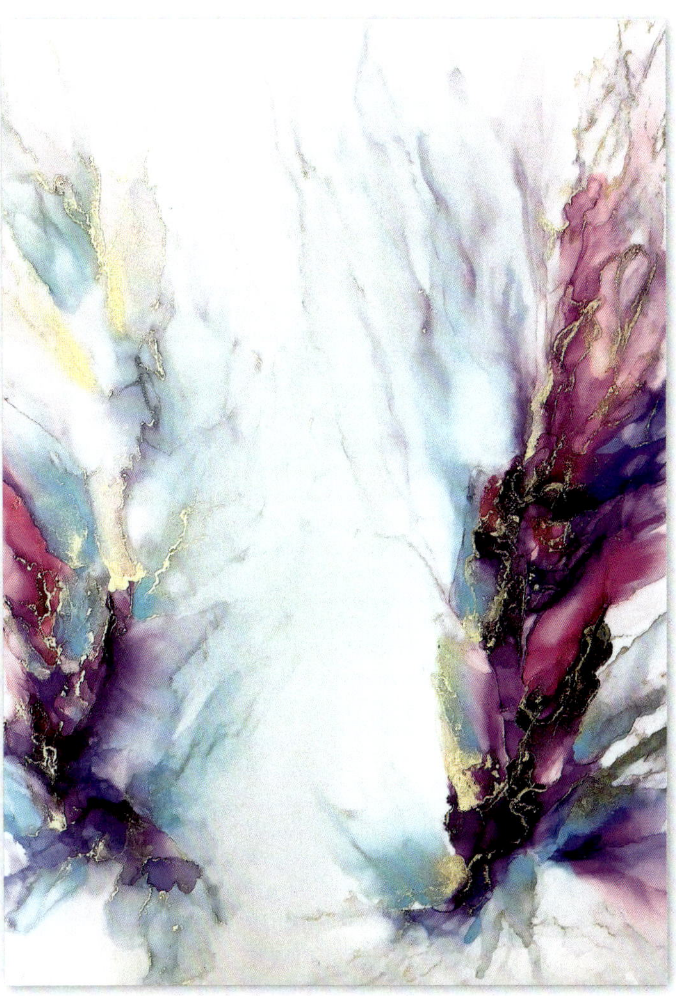

## 3. Schritt

Auf der rechten Bildhälfte genauso verfahren.

### 4. Schritt

Am unteren Bildrand durch weitere Muster eine Verbindung schaffen.

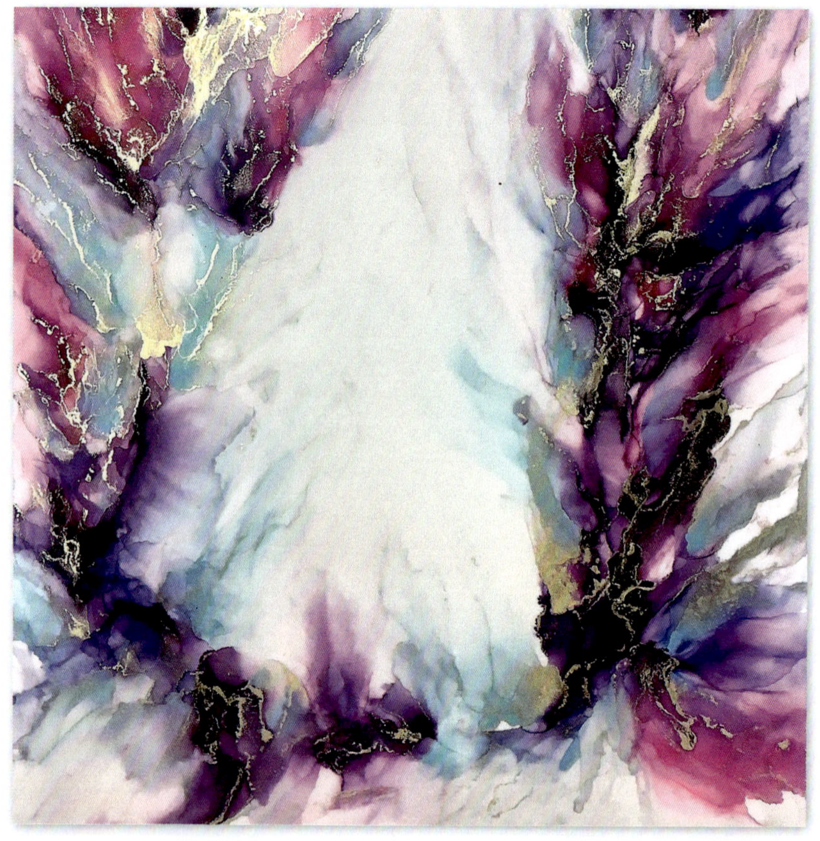

### 5. Schritt

Mit einem dünnen Edding in Gold feine Linien einziehen und damit einige Akzente setzen. Mit flüssiger Goldbronze und einem feinen Rundpinsel noch kleine Spritzer aufklecksen.

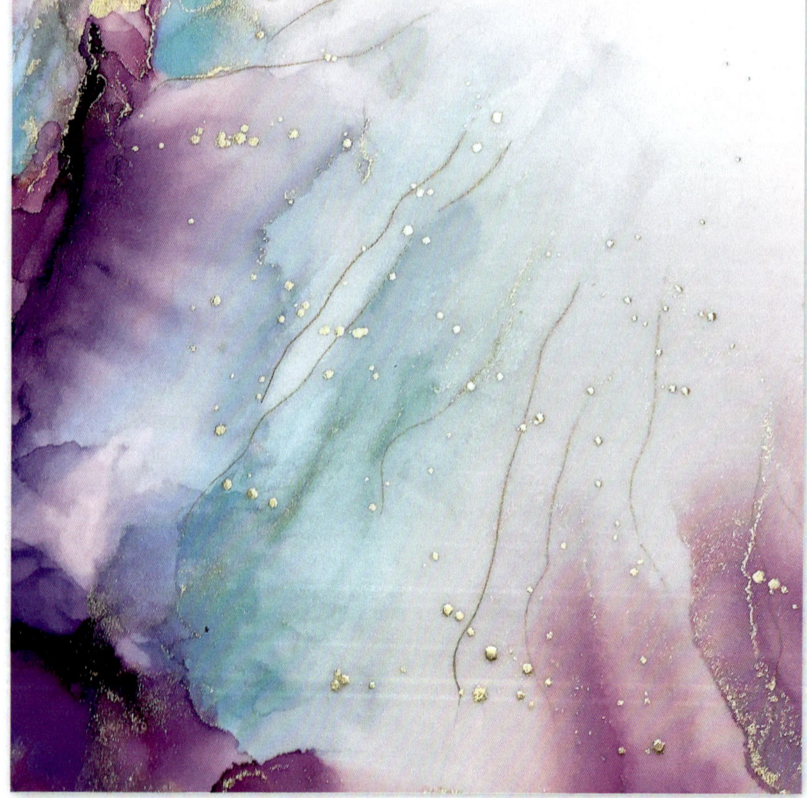

**Tipp:** Damit das Bild in einen preisgünstigen Wechselrahmen passt, werden 5 cm der Worbla-Platte abgeschnitten. Aus diesen Reststücken lassen sich, gelocht und mit Kordel oder Band versehen, schöne Lesezeichen fertigen!

## Fertiges Bild

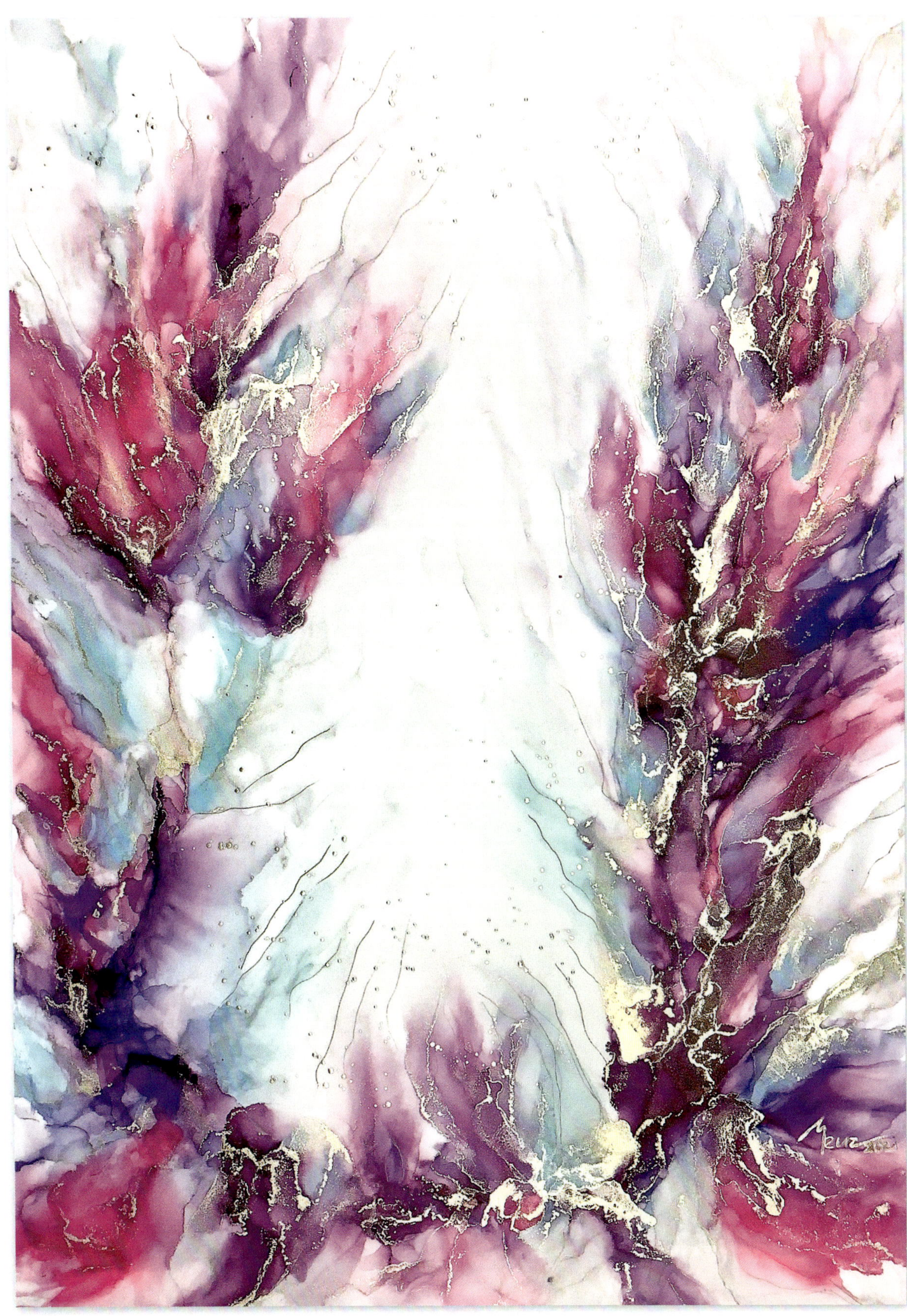

# Waves

**Alcohol-Inks:**
- Ocean (Octopus)
- Deep Sea (Octopus)
- Snowflake (Octopus)
- Silver (Pinata)
- Mantilla Black (Pinata)

**Weiteres Arbeitsmaterial:**
- 1 Platte Worbla Pearly, 50 x 75 cm
- Karton-Unterlage
- Cutter
- Metall-Lineal
- Alkohol, 99,9 %
- Nadelfläschchen
- Strohhalm, Blasebalg oder Föhn
- Liquid Chrome Refill (Molotow)
- Molotow Liquid Chrome Marker in Silber (oder Lackmarker in Silber von Edding)
- Pinsel mit feiner Spitze
- Acrylfarben in Türkis, Weiß und Hellgrau
- weicher, breiter Synthetik Flachpinsel zum Aufstreichen der Acrylfarben
- Acryl-Glanzfirnis mit UV-Schutz, zum Sprühen

### 1. Schritt

Die Worbla-Platte auf einen Karton legen und mithilfe von Cutter und Metall-Lineal auf das Maß 50 x 70 cm zuschneiden. Dieses Format passt in jeden handelsüblichen Wechselrahmen!
Die Acrylfarben auf eine Palette geben. Relativ unverdünnt mit einem weichen Flachpinsel abwechselnd aufstreichen. Damit die Farben nicht zu „süß" wirken, etwas Grau beimischen. Im Übergang von Hell nach Dunkel auftragen und trocknen lassen.

## 2. Schritt

Im linken unteren Bereich, die Tinten in Türkistönen, einen Tropfen Tinte in Schwarz und Liquid Chrome auftropfen. Mit Alkohol an den Rändern anschließen und mit dem Föhn oder Strohhalm verblasen. Dies in Etappen so oft wiederholen, bis ein Bogen entsteht.

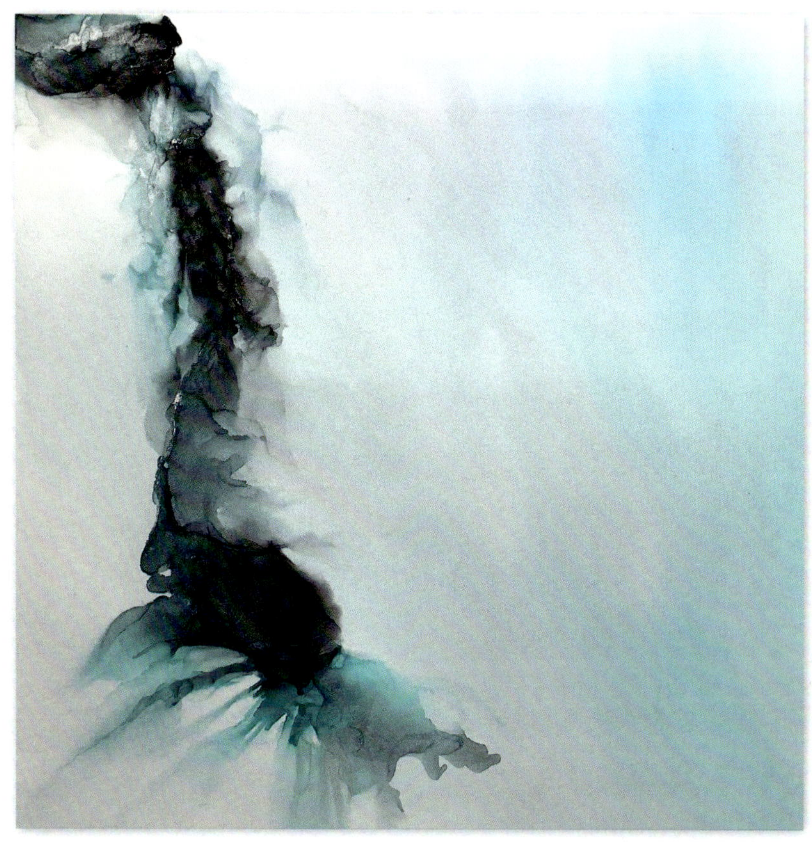

## 3. Schritt

Im rechten Bereich einen ähnlichen Bogen einarbeiten. Die Tinten ebenfalls in einzelnen Stepps auftropfen, mit Alkohol anlösen und wieder verblasen.

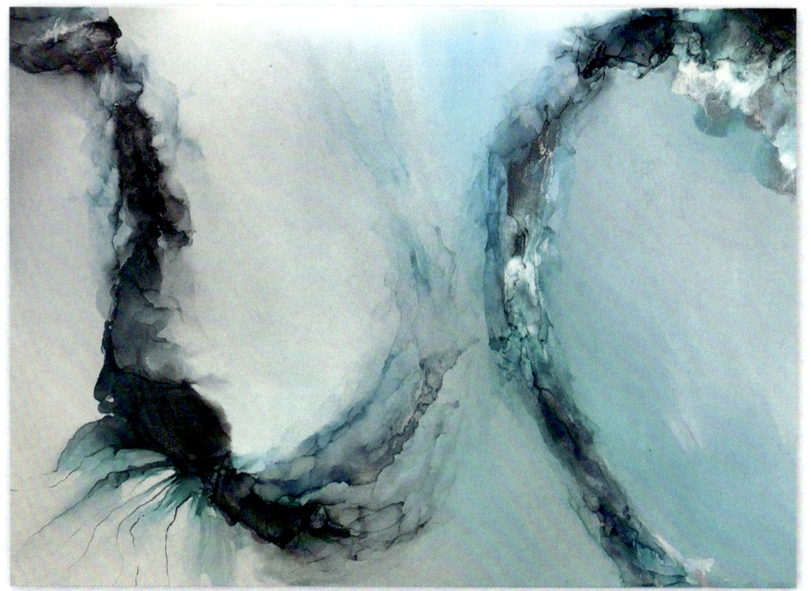

**4. Schritt**

Mit einem Pinsel oder kleinem Spachtel Acrylfarbe in Weiß aufnehmen und entlang der Formen einige Bögen einziehen. Mit einem Chrome Marker (oder Lackmarker) in Silber wiederholen.

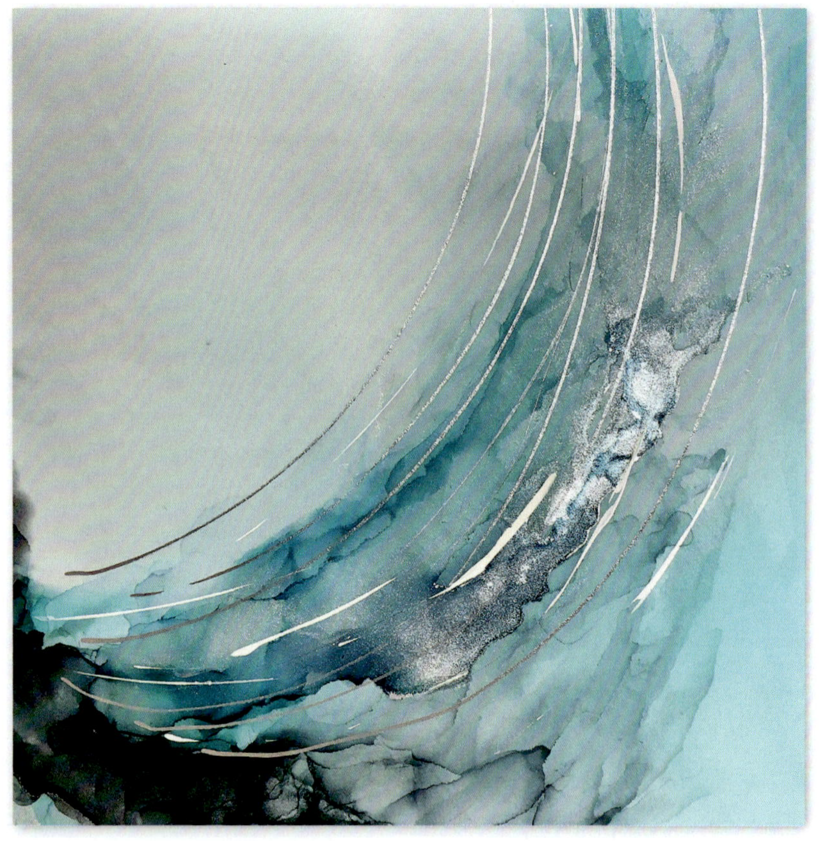

**5. Schritt**

Etwas Chrome Liquid auf einen Teller geben und mit einem sehr dünnen Pinsel aufnehmen. Einige kleine Felder damit satt und deckend ausmalen. Ebenfalls mit diesem Pinsel feine Linien in das Motiv zeichnen.

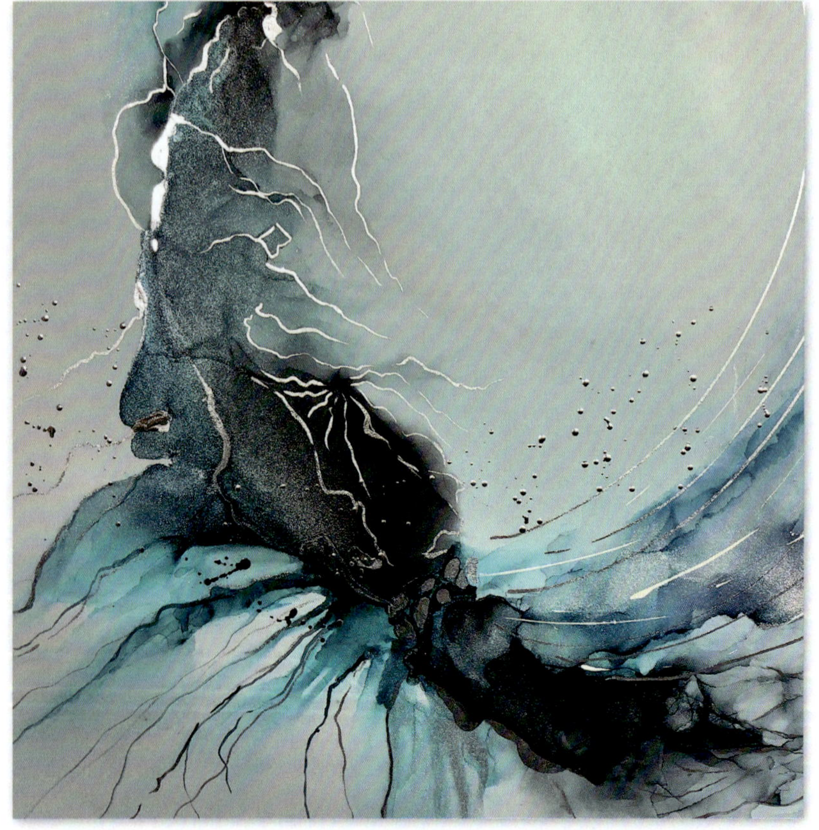

**Tipp:** Auf dem mit Acrylfarben grundierten Worbla-Malgrund lassen sich die Tinten nur bedingt wieder mit Alkohol anlösen, da der Malgrund isoliert und nicht mehr so glatt ist. Es ist aber eine interessante Variante, die sich zu versuchen lohnt!

## 6. Schritt

Mit einem flachen Pinsel und weißer Acrylfarbe einige Strukturen innerhalb der Halbkreise anlegen. Da das Bild Wasser und Wellen assoziiert, kann man auf Wunsch noch „Blubbs" aufmalen, siehe Seiten 18/19. Abschließend das Bild dünn mit Acryl-Glanzfirnis besprühen.

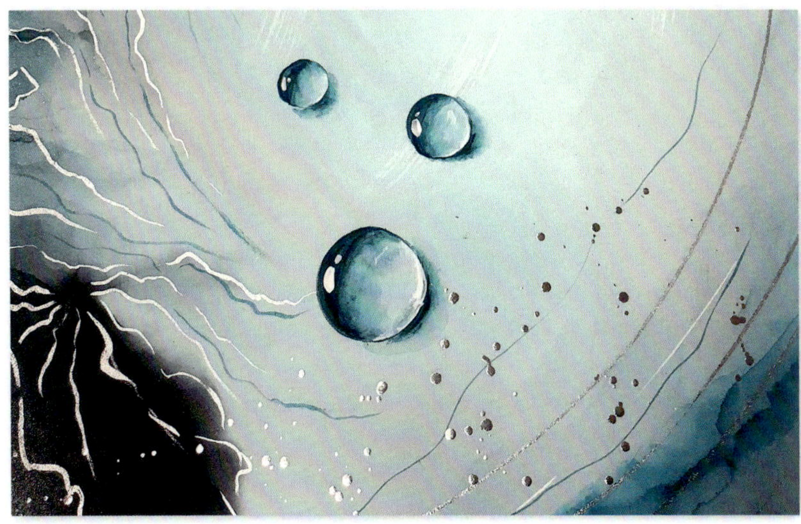

## Fertiges Bild

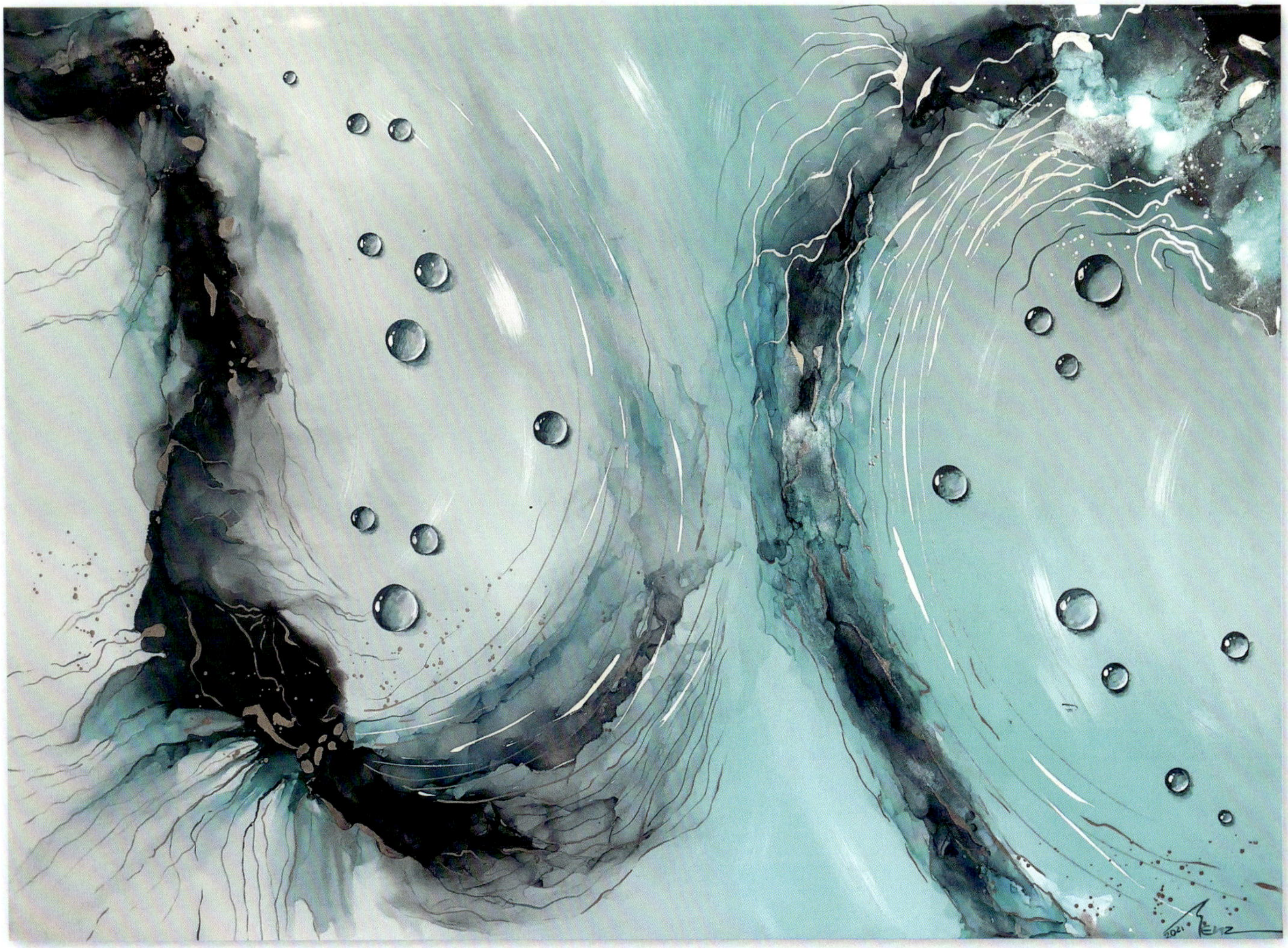

# Posh

**Alcohol-Inks:**

- Havanna Brown (Pinata)
- Sangria (Pinata)
- Caramel (Octopus)
- Gold Rush (Octopus)
- Snowflake (Octopus)

**Weiteres Arbeitsmaterial:**

- 1 Platte Worbla Black, 50 x 75 cm
- Karton-Unterlage
- Cutter
- Metall-Lineal
- Alkohol, 99,9 %
- Nadelfläschchen
- Föhn
- Chromspray in Gold (z. B. Dupli-Color)
- Schablone mit Streifen, alternativ Klebeband
- Acryl-Glanzfirnis mit UV-Schutz, zum Sprühen

**1. Schritt**

Die Worbla-Platte auf einen Karton legen und mithilfe von Cutter und Metall-Lineal auf das Maß 50 x 70 cm zuschneiden. Dieses Format passt in jeden handelsüblichen Wechselrahmen!

Am unteren Bildrand großzügig alle Tinten, außer Weiß, auftropfen. Alkohol dazugeben und sofort mit dem Föhn verblasen. Dies so oft wiederholen, bis die gesamte Malfläche bedeckt ist.

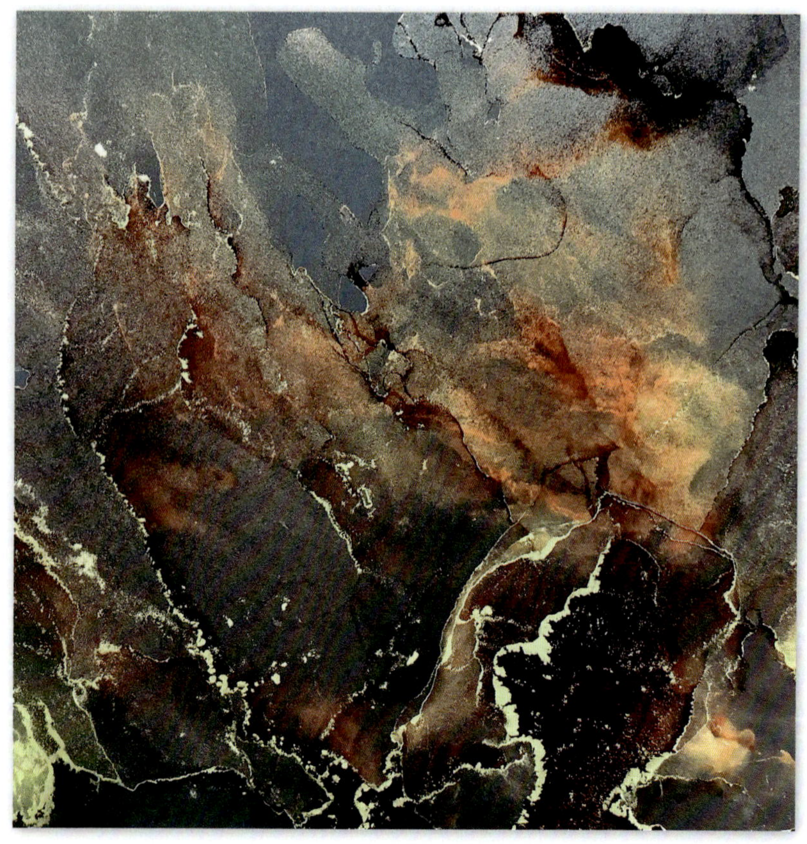

### 2. Schritt

Nun Tinte in Weiß und Caramel auf eine bereits bemalte Fläche geben, wenig Gold hinzugeben, mit Alkohol anlösen und wieder mit dem Föhn verblasen.
Die Farben sollen damit aufgehellt werden. Sind die Farben danach noch nicht hell genug, diesen Vorgang noch einmal wiederholen.

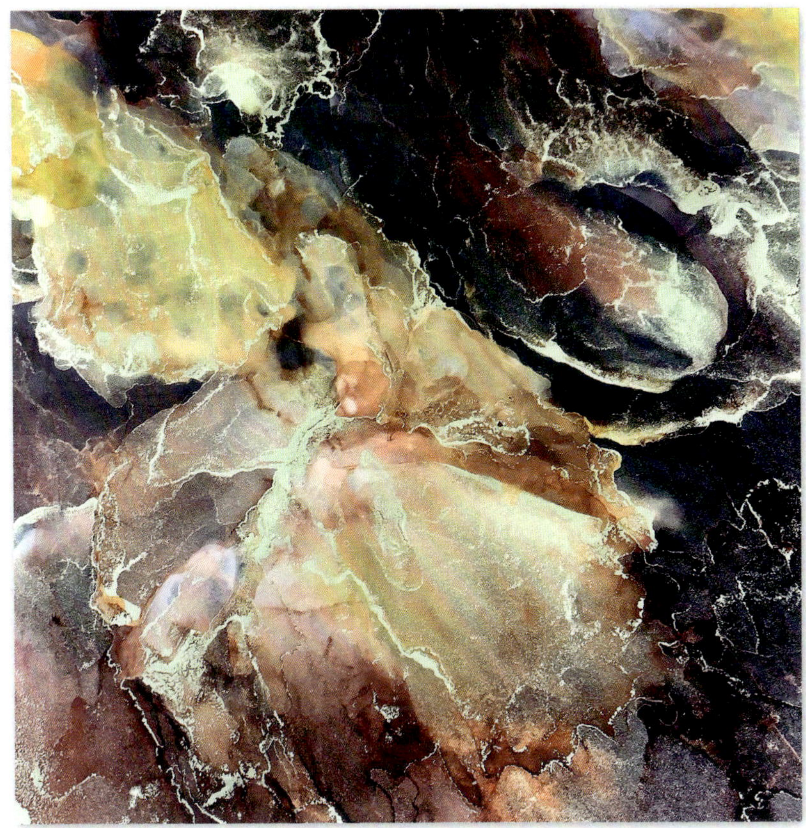

### 3. Schritt

Streifenschablone am rechten Bildrand anlegen, den Rest des Bildes abdecken und die Schablone mit Spray in Gold besprühen. Dies kann beliebig oft an unterschiedlichen Stellen wiederholt werden. Wenn keine Schablone vorhanden ist, mit Klebeband Streifen oder grafische Muster abkleben.

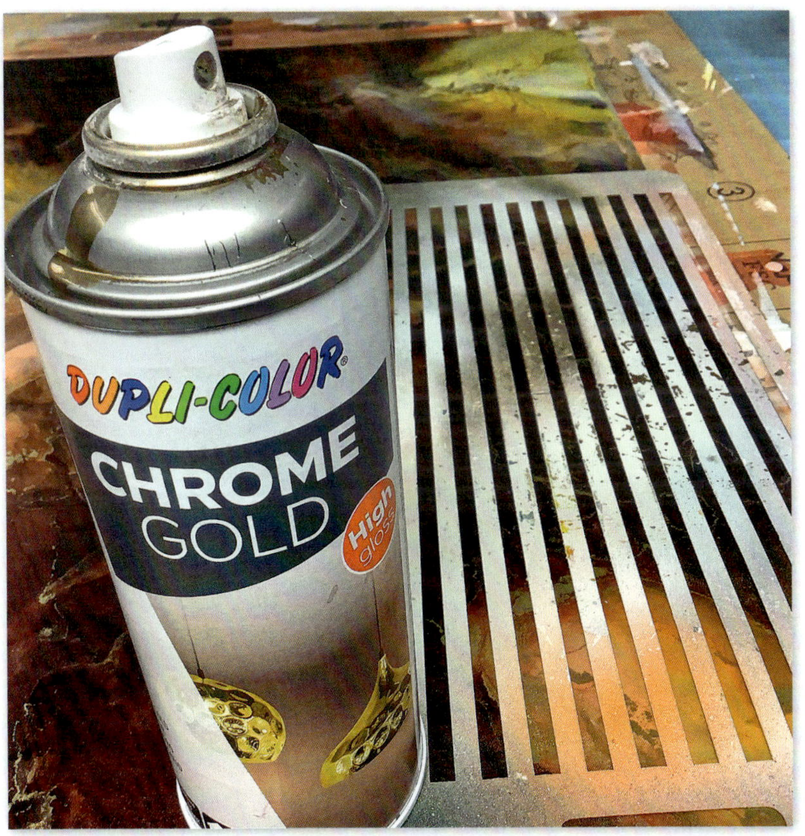

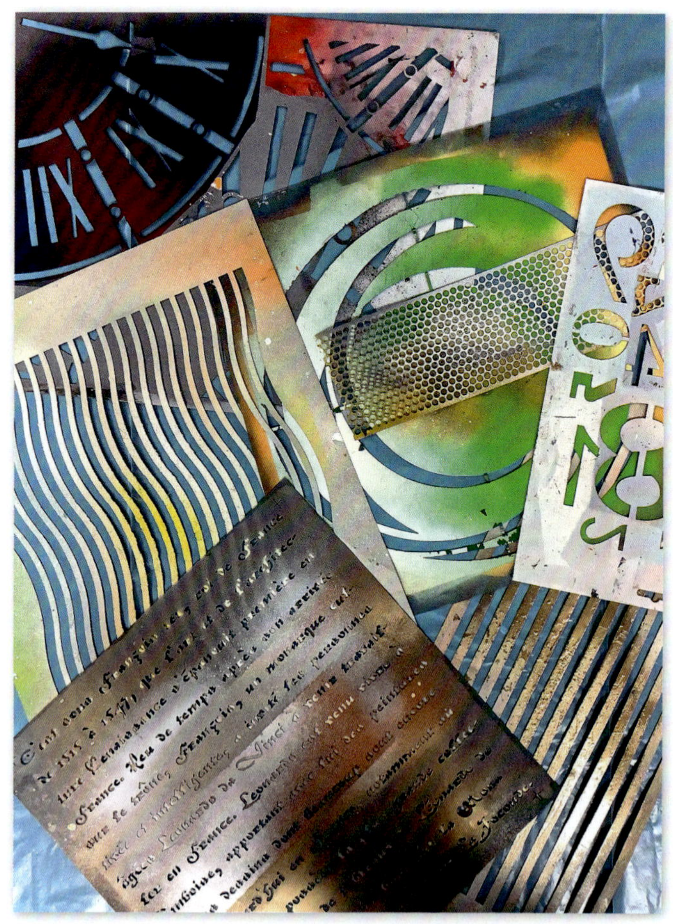

Schablonen sind ein hilfreiches Mittel um Bildern den letzten Schliff zu verleihen und sie zu komplettieren. Es gibt sie in unterschiedlichster Ausführung und von vielen Anbietern, die zudem ihr Repertoire ständig erweitern. Eine ausgiebige Suche lohnt sich jedoch – denn Schablonen sind sehr oft verwendbar.

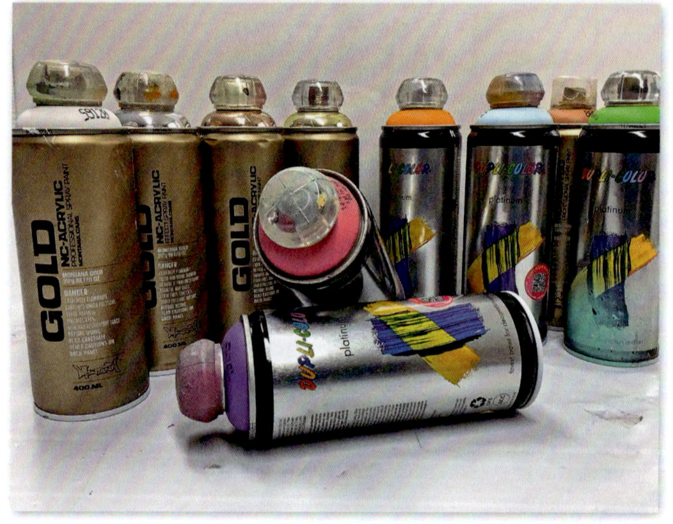


**Tipp:** Sprays sind ein unverzichtbares Utensil, um Bilder zu komplettieren! Dabei müssen nicht immer zwangsläufig Schablonen zum Einsatz kommen. Mit Farbsprays lassen sich ohne Konturen auch gezielt Helligkeiten erzeugen oder Flächen abdunkeln. Glanzeffekte erreichen Sie am besten mit Metallic-Sprays, die in vielen Farbnuancen erhältlich sind.

## Fertiges Bild

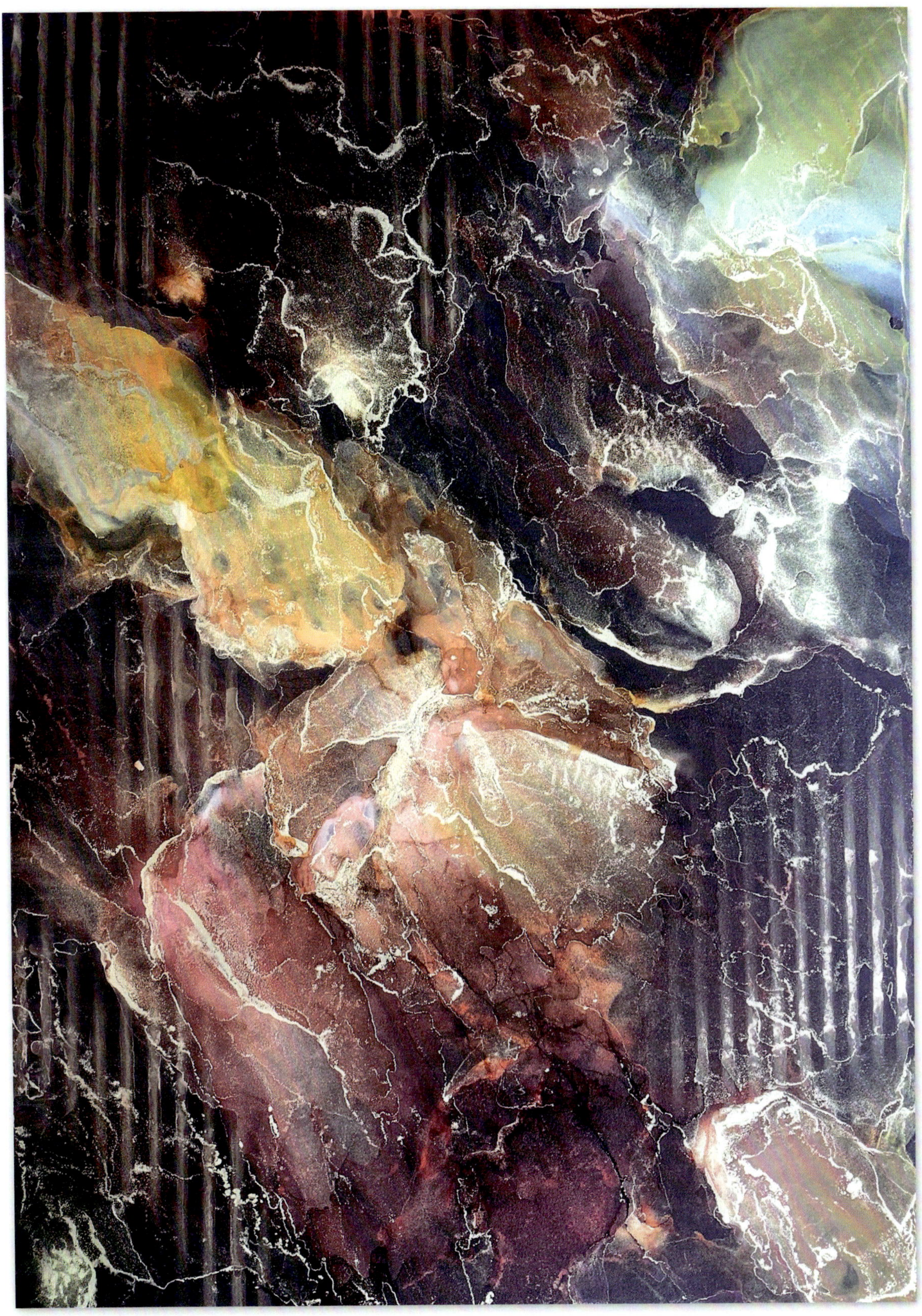

# Spirit of Flowers

**Alcohol-Inks:**

- Sapphir Blue (Octopus)
- Lime (Octopus)
- Snowflake (Octopus)
- Sunbright Yellow (Pinata)
- Senorita Magenta (Pinata)

**Weiteres Arbeitsmaterial:**

- 1 Platte Worbla Pearly, 50 x 75 cm
- Karton-Unterlage
- Cutter
- Metall-Lineal
- Alkohol, 99,9 %
- Nadelfläschchen
- Föhn
- Airbrushfarben oder wasserfeste Tuschen in Weiß und Grau
- Vario-Top-Pinsel, Gr. 12 (Da Vinci)
- weicher Rundpinsel
- Acryl-Glanzfirnis mit UV-Schutz, zum Sprühen

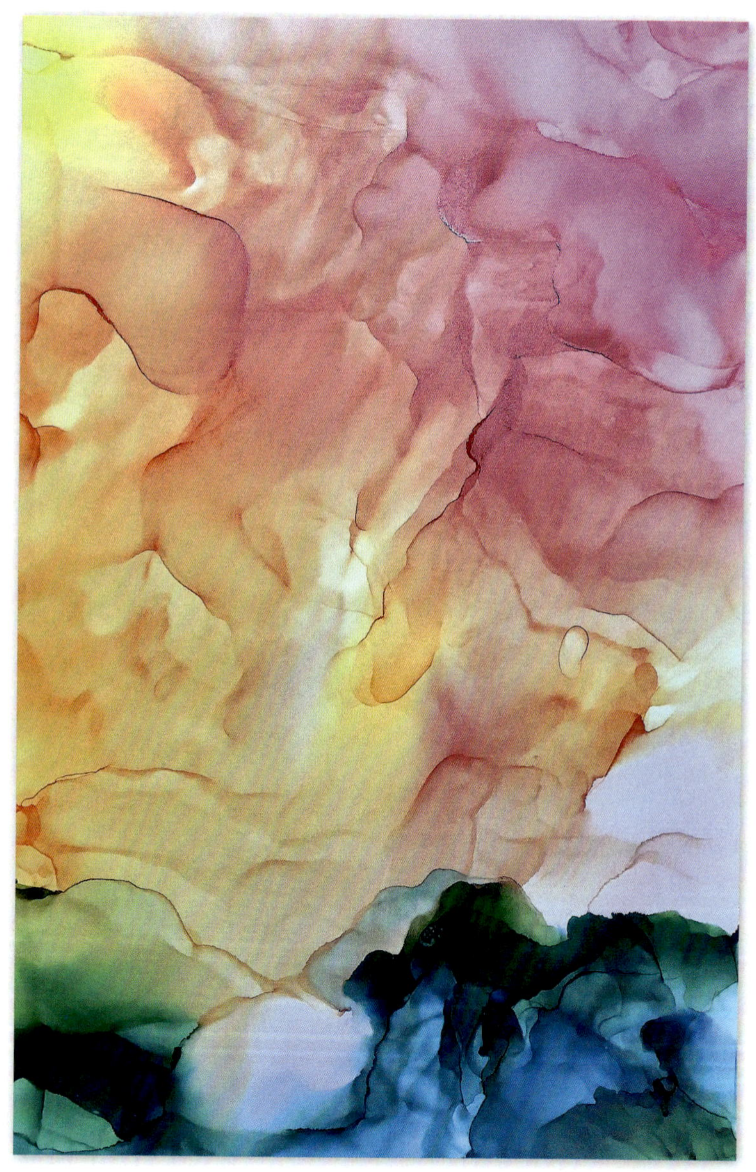

### 1. Schritt

Die Worbla-Platte auf einen Karton legen und mithilfe von Cutter und Metall-Lineal auf das Maß 50 x 70 cm zuschneiden. Dieses Format passt in jeden handelsüblichen Wechselrahmen!
Tinte in Blau und Grün am unteren Bildrand großzügig aufträufeln. An den Farbrändern Alkohol dazugeben und mit dem Föhn verblasen. Mit Gelb und Magenta in den oberen zwei Dritteln genauso verfahren. Den Föhn dabei auf Kaltstufe einstellen und die Farben gut trockenföhnen.

## 2. Schritt

Küchenkrepp mit Alkohol befeuchten und eventuelle harte Farbkanten verwischen. Ab jetzt wird nur noch mit weißer Tinte gearbeitet! Füllen Sie etwas weiße Tinte in ein Nadelfläschchen und verdünnen Sie diese mit Alkohol. Geben Sie einige Tropfen auf eine beliebige Stelle und verblasen Sie diese sofort mit dem Föhn. Der in der Farbe enthaltene Alkohol verdrängt die Pigmente, die Tinte hellt sich auf und es entstehen hellere Auswaschungen. Ordnen Sie die Tintenkleckse so an, dass es Blütenblätter assoziiert. Umso mehr Blätter, desto mehr Volumen erzeugen Sie.

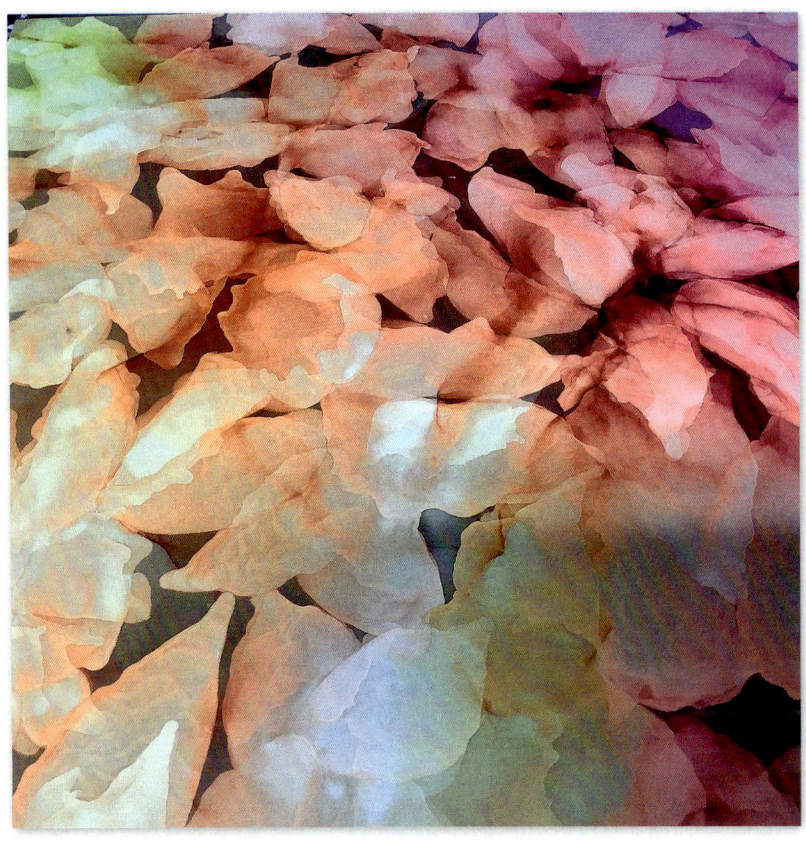

## 3. Schritt

Den Übergang zum unteren Teil in Grün-Blau ebenfalls noch einmal mit Weiß überarbeiten.

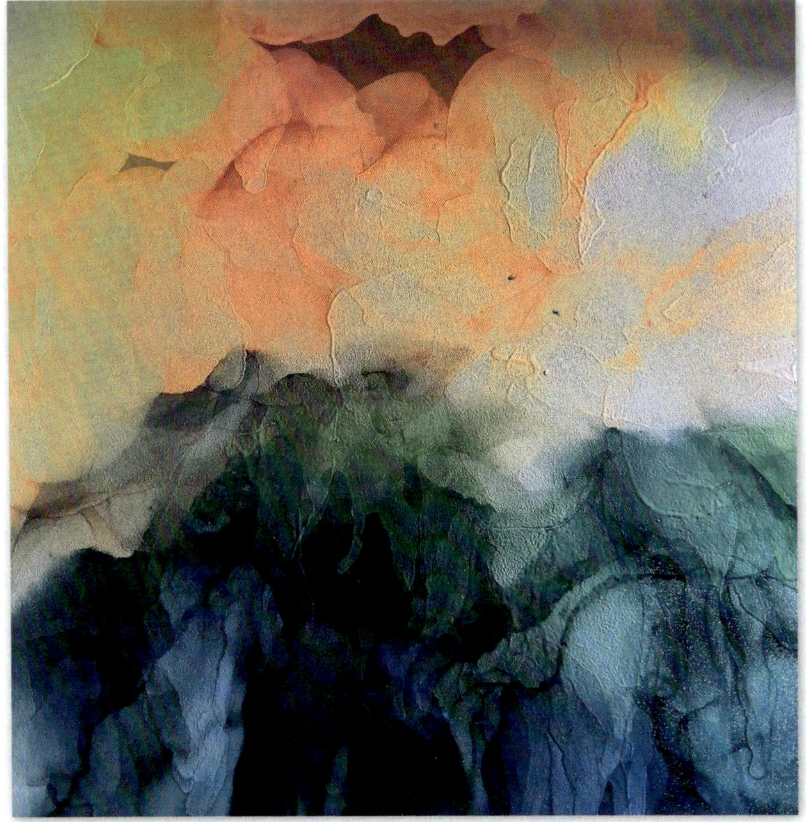

### 4. Schritt

Tusche in Weiß auf einen Teller geben und mit ein wenig Wasser verdünnen. Das Bild senkrecht stellen und mit einem weichen Rundpinsel einen Tropfen Weiß an der oberen Kante des Grüns setzen. An selber Stelle wiederholen, so lange, bis die Farbe zum unteren Bildrand läuft. Beliebig oft wiederholen.

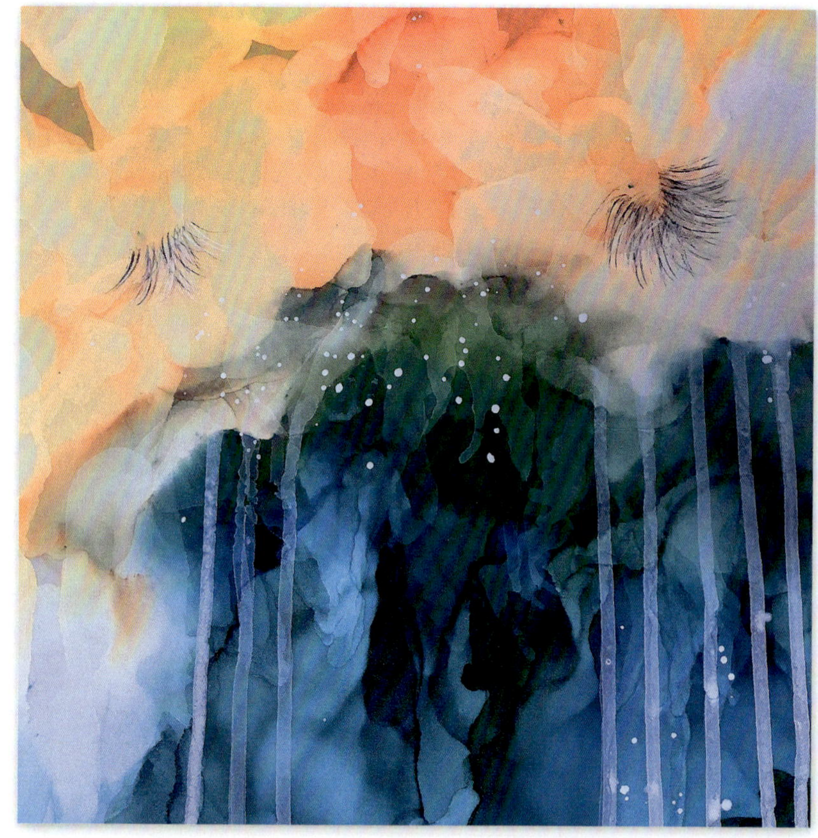

### 5. Schritt

Für die Staubgefäße mit dem Vario-Top-Pinsel Tusche in Grau aufnehmen und damit feinste Linien einzeichnen. Nach dem Trocknen mit Weiß wiederholen. Mit einem weichen Rundpinsel können noch einige weiße Spritzer aufgekleckst werden.

Das Bild abschließend dünn mit Acryl-Glanzfirnis mit UV-Schutz besprühen.

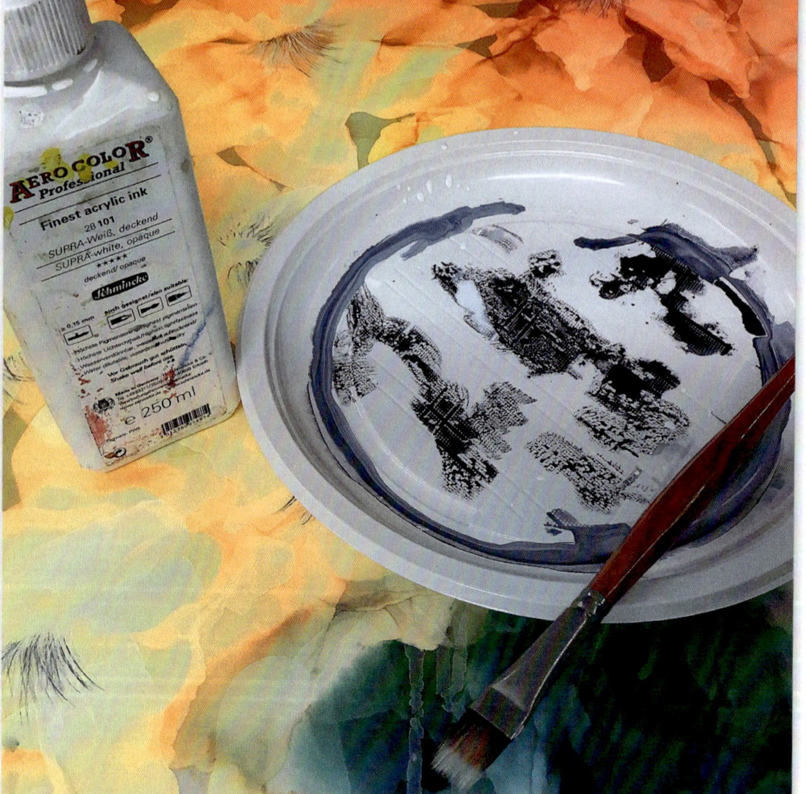


**Tipp:** Airbrushfarben oder wasserfeste Tuschen eignen sich sehr gut in Verbindung mit Alkoholtinten, um fertige Bilder zu komplettieren. Mit dem richtigen Pinsel lassen sich detailgenaue Akzente einzeichnen.

## Fertiges Bild

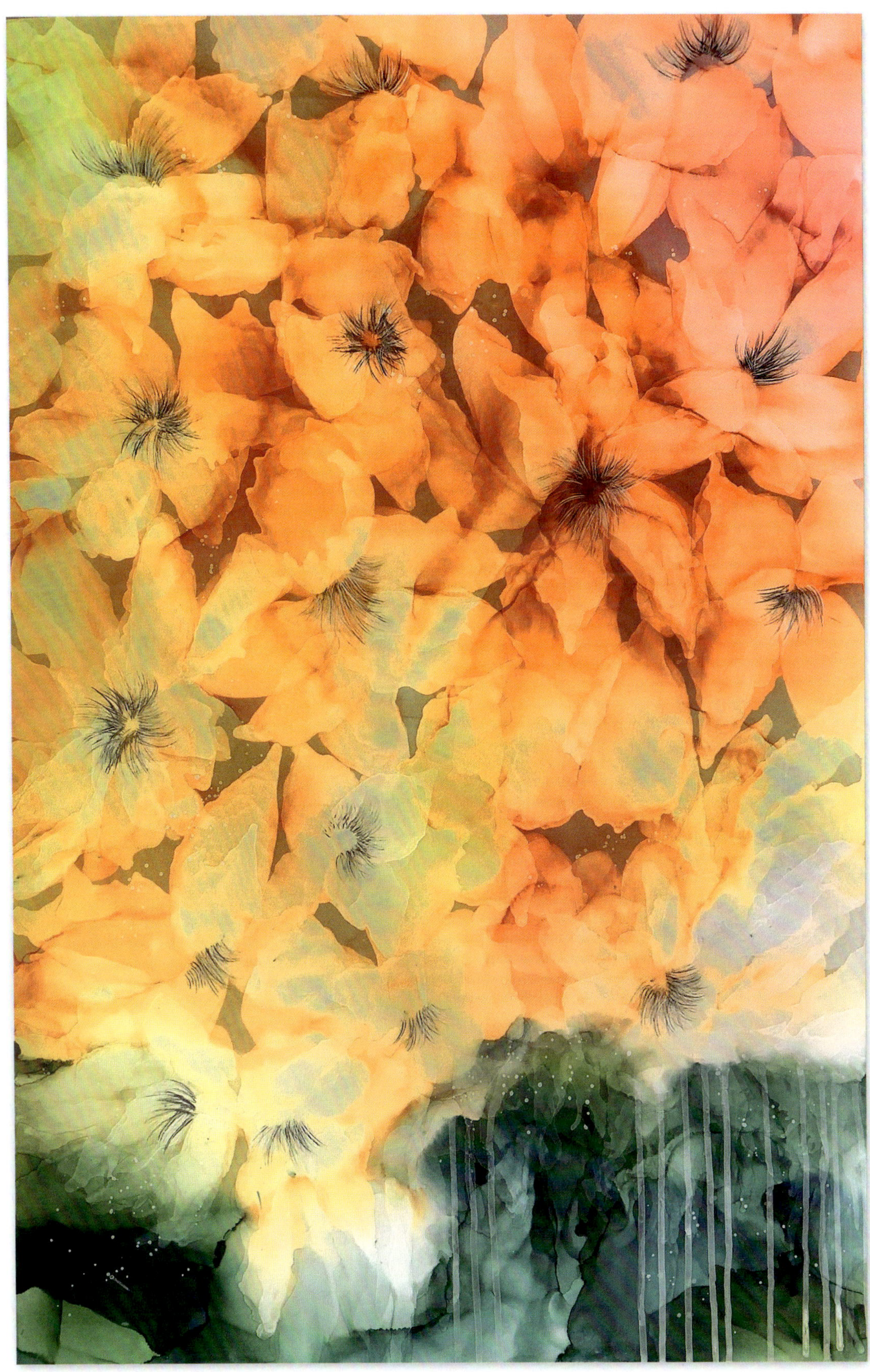

# Sometimes Green

**Alcohol-Inks:**

- Rainforest Green (Pinata)
- Lime Green (Pinata)
- Opak Pistachio (Octopus)
- Opak Peppermint (Octopus)
- Silver (Pinata)
- Lucky Green (Octopus)

**Weiteres Arbeitsmaterial:**

- 1 Platte Worbla Pearly, 50 x 75 cm
- Karton-Unterlage
- Cutter
- Metall-Lineal
- Alkohol, 99,9 %
- Nadelfläschchen
- Föhn
- dünner Synthetik-Rundpinsel
- Acrylfarben in Neongelb und evtl. Neongrün
- 3-D-Dekoliner
- Metallic-Effektfolie in Silber

**1. Schritt**

Die Worbla-Platte auf einen Karton legen und mithilfe von Cutter und Metall-Lineal auf das Maß 50 x 70 cm zuschneiden. Dieses Format passt in jeden handelsüblichen Wechselrahmen!

Die opaken Tinten gut aufschütteln. Einige Tropfen Tinte in Peppermint, Pistachio und Silber in der linken unteren Ecke aufträufeln. An den Rändern mit Alkohol verdünnen und mit dem Föhn verblasen. Mit Tinte in Lime Green einige dunklere Akzente setzen und wieder verblasen.

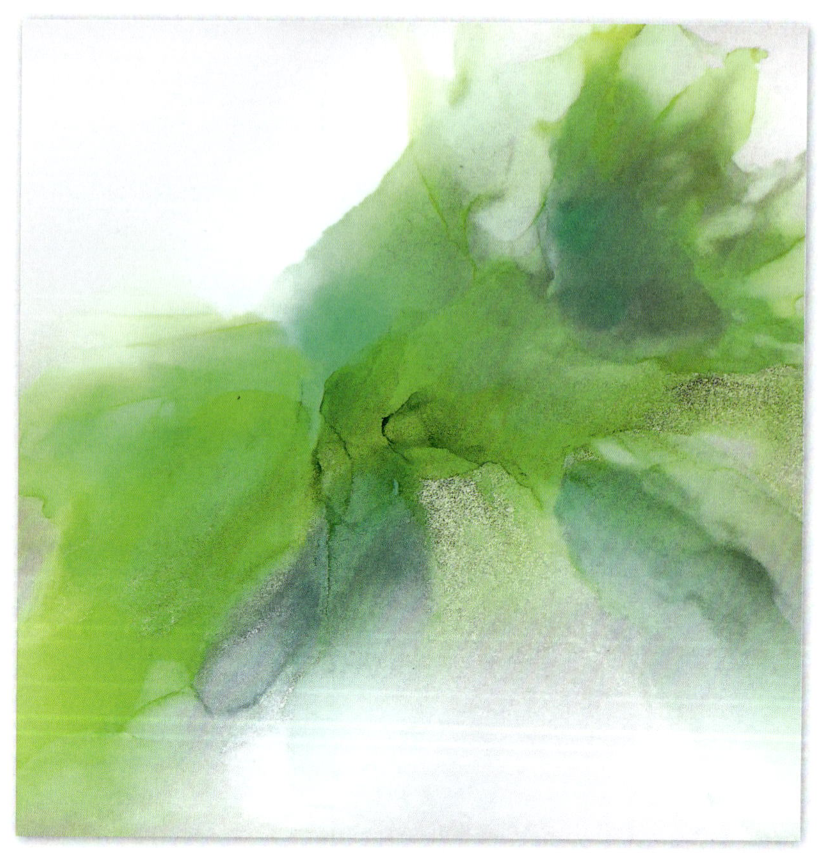

## 2. Schritt

Im oberen Drittel ebenfalls ein grünes Motiv anlegen. Die äußeren Konturen immer wieder mit Alkohol anlösen und verblasen. So sollten sich zum äußeren Bildrand hin feinste helle Linien auf dem Bild zeigen.

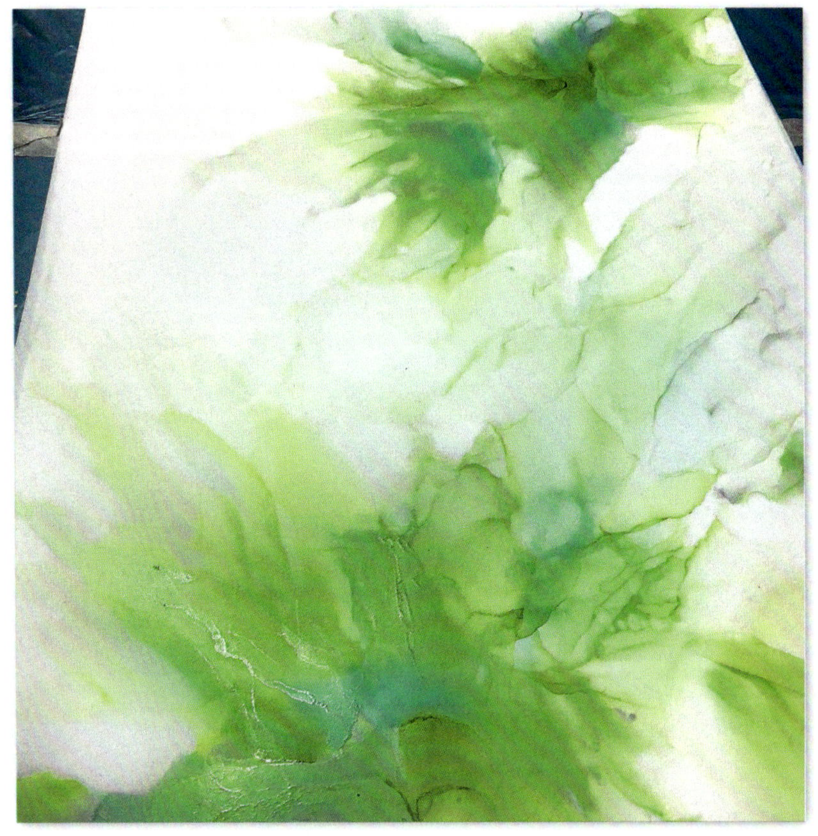

## 3. Schritt

Am linken Bildrand, mittig und angeschnitten, ein neues Motiv einbauen. Alle Motive mit den dunkleren Grüntönen überarbeiten. Mit dem 3-D-Dekoliner einige Muster an die äußeren Bildränder setzen. Die milchigweiße Masse muss so lange trocknen, bis sie transparent erscheint. Dies kann einige Stunden dauern. Am besten über Nacht trocknen lassen.

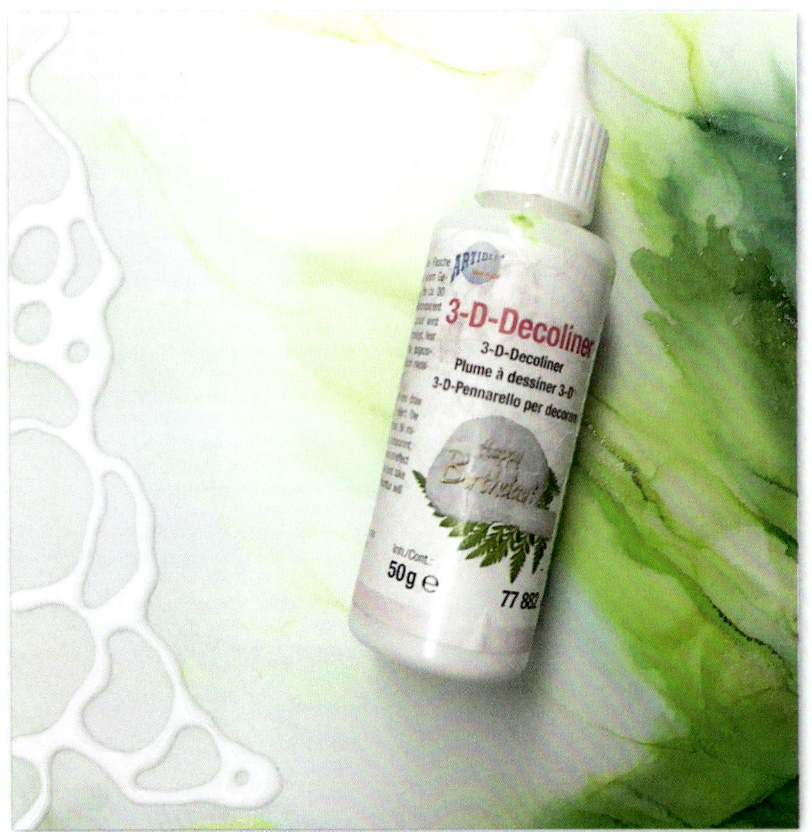

## 4. Schritt

Nachdem der Dekoliner ganz getrocknet ist, eine Metallic-Folie mit der glänzenden Seite nach oben auflegen, fest andrücken und wieder abziehen. Wenn nicht alle Stellen mit Silber bedeckt sind, Folie erneut auflegen.

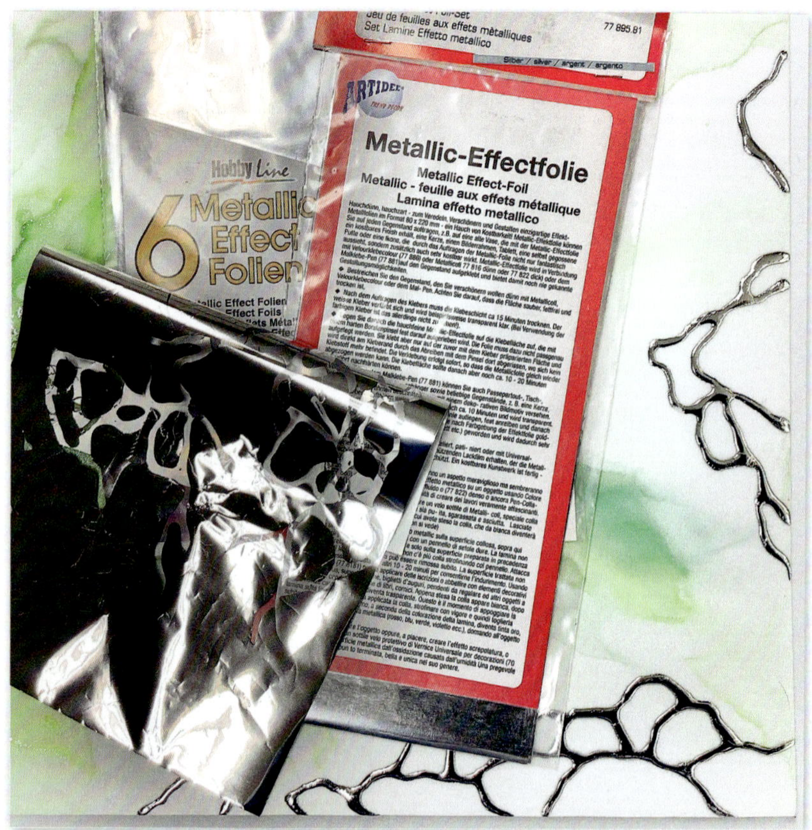


## 5. Schritt

Mit Neonfarben in Gelb und Grün und einem Synthetik-Rundpinsel noch einige Partien hervorheben und einige Pünktchen auf das Bild spritzen.

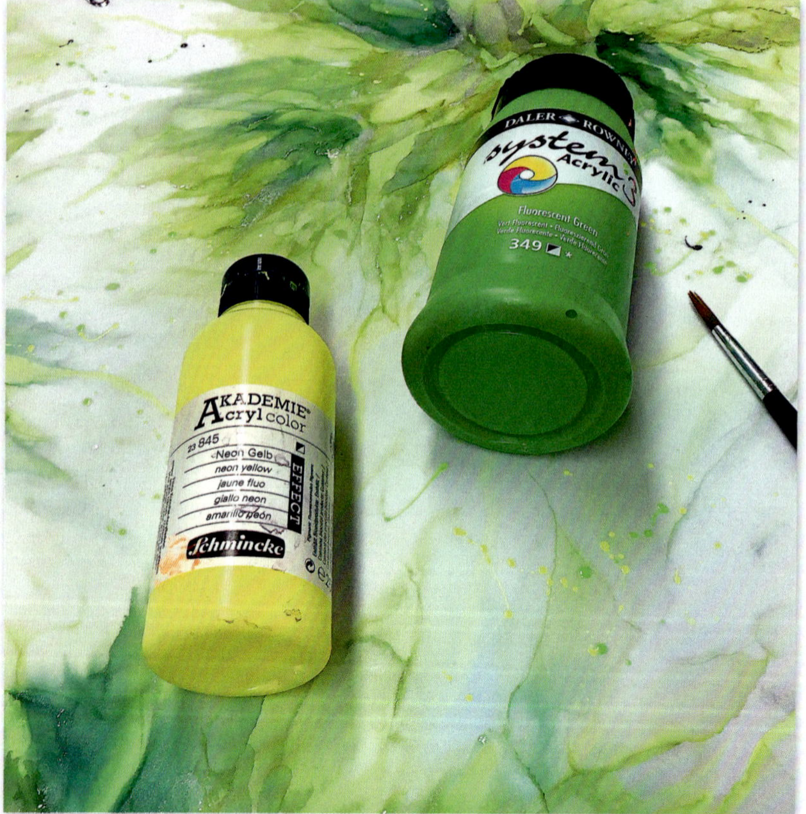


**Tipp:** 3-D-Folienschreiber und Effektfolien erhalten Sie in allen Nuancen in Bastelgeschäften oder über das Internet. Meistens werden sie im Set angeboten. Sie sorgen durch die dritte Dimension für echte „Eyecatcher“.

## Fertiges Bild

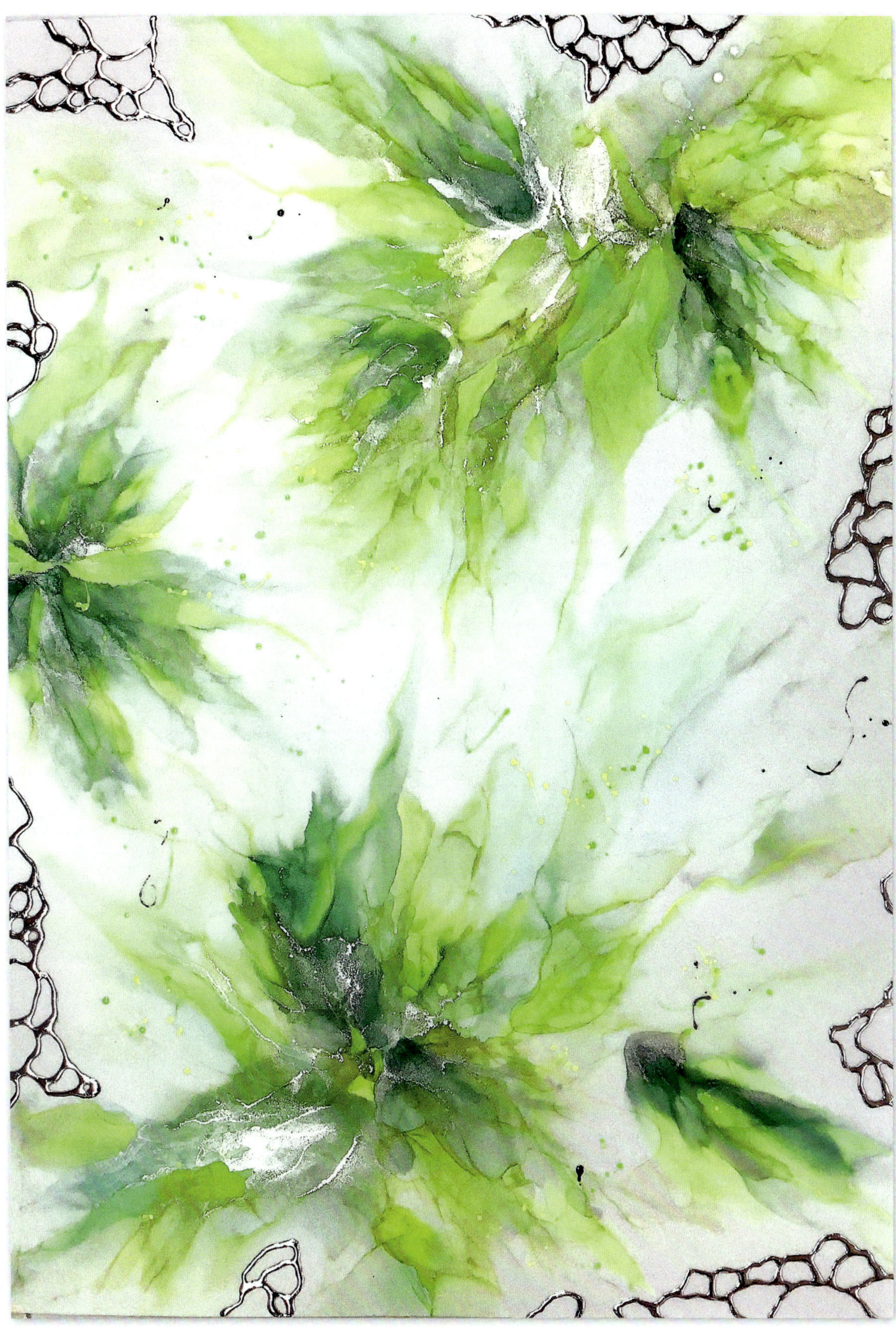

# Neon-Power

**Alcohol-Ink:**
- Snowflake (Octopus)

**Weiteres Arbeitsmaterial:**
- 1 Platte Worbla Black, 50 x 75 cm
- Alkohol, 99,9 %
- Acrylfarben in Schwarz, Neon Orange, Neon Pink und Neon Grün
- wasserfeste Tusche oder Airbrushfarbe in Weiß
- Karton-Unterlage
- Cutter
- Metall-Lineal
- Nadelfläschchen
- Föhn
- feiner spitzer Rundpinsel
- Synthetik Flachpinsel, ca. 4 cm breit (z. B. Da Vinci)

**1. Schritt**

Die Worbla-Platte auf einen Karton legen und mithilfe von Cutter und Metall-Lineal auf das Maß 50 x 70 cm zuschneiden. Dieses Format passt in jeden handelsüblichen Wechselrahmen!

Etwas Alkohol auf den Malgrund gießen und weiße Alkohol-Tinte darauf geben.

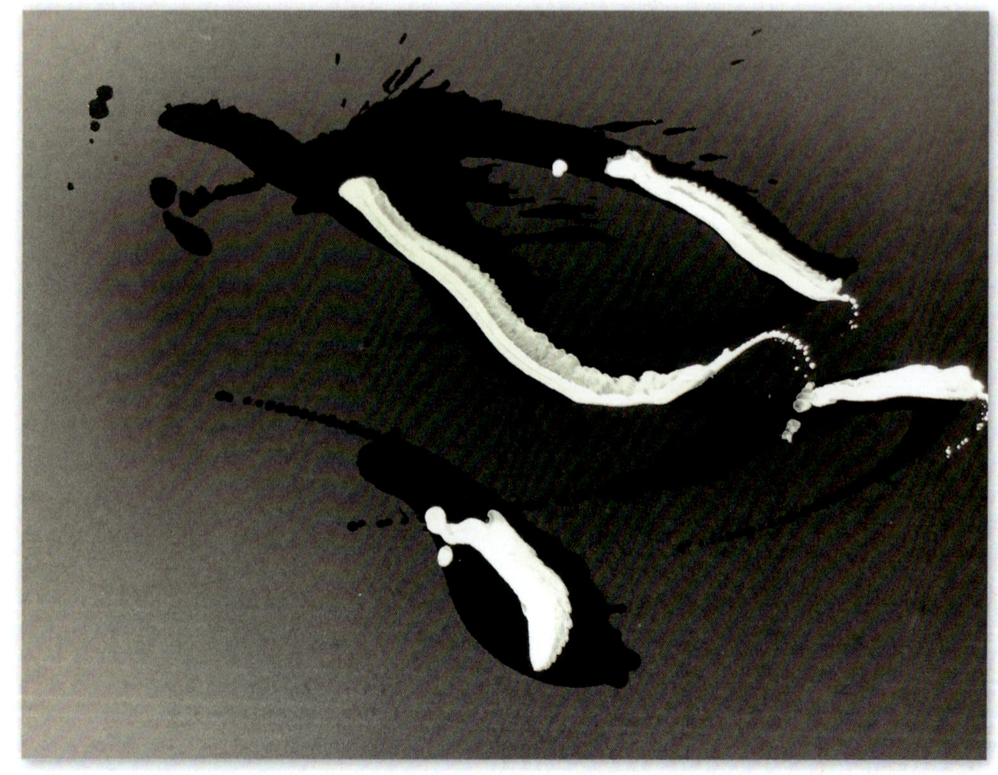

## 2. Schritt

Mit dem Föhn in die gewünschte Richtung blasen. Den Vorgang wiederholen und so einzelne Elemente aneinandersetzen. Immer wieder mit Tinte und Alkohol anschließen und verblasen. Dies so oft wiederholen, bis der größte Teil der Malfläche bedeckt ist. Trocknen lassen.

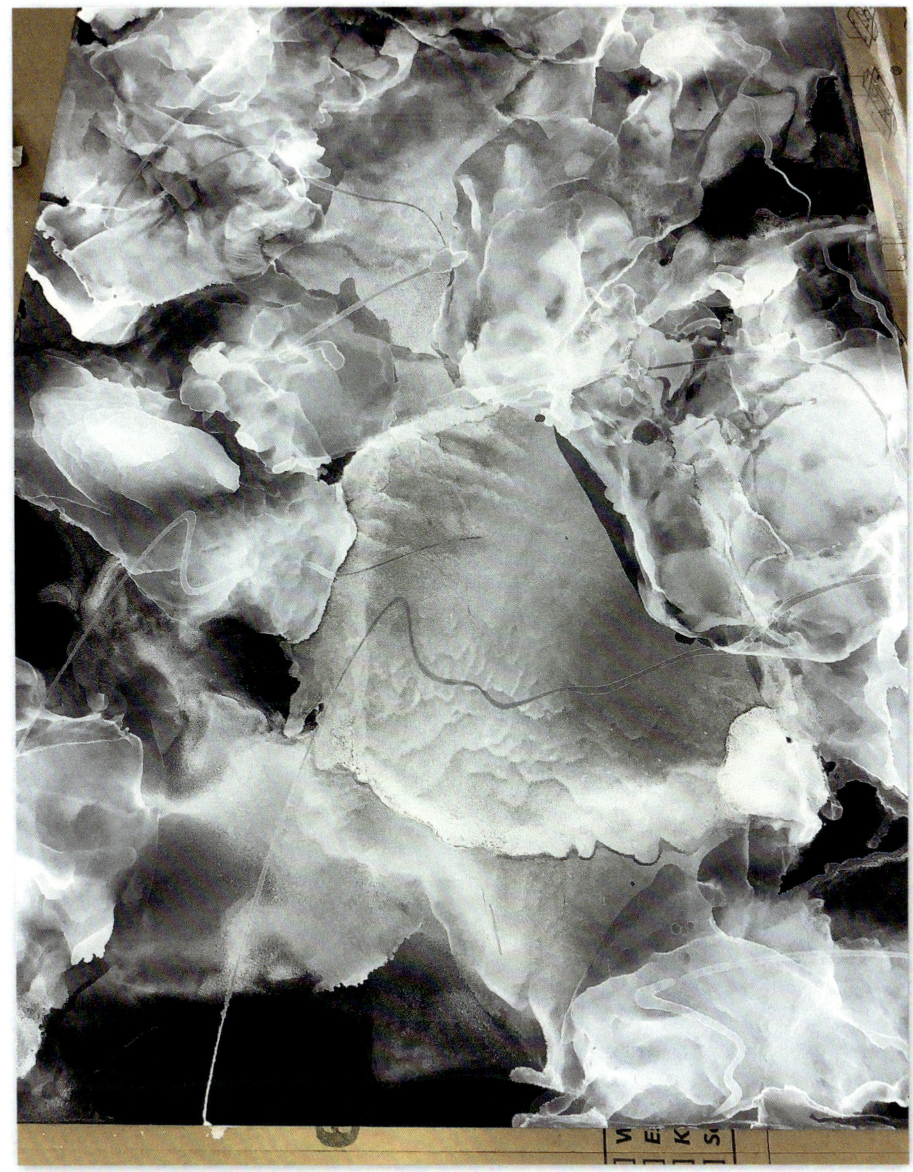

### 3. Schritt

Neonfarben in Grün, Pink und Orange auf getrennten Tellern mit etwas Wasser verdünnen. Mit einem weichen, breiten Synthetik-Pinsel abwechselnd aufstreichen.

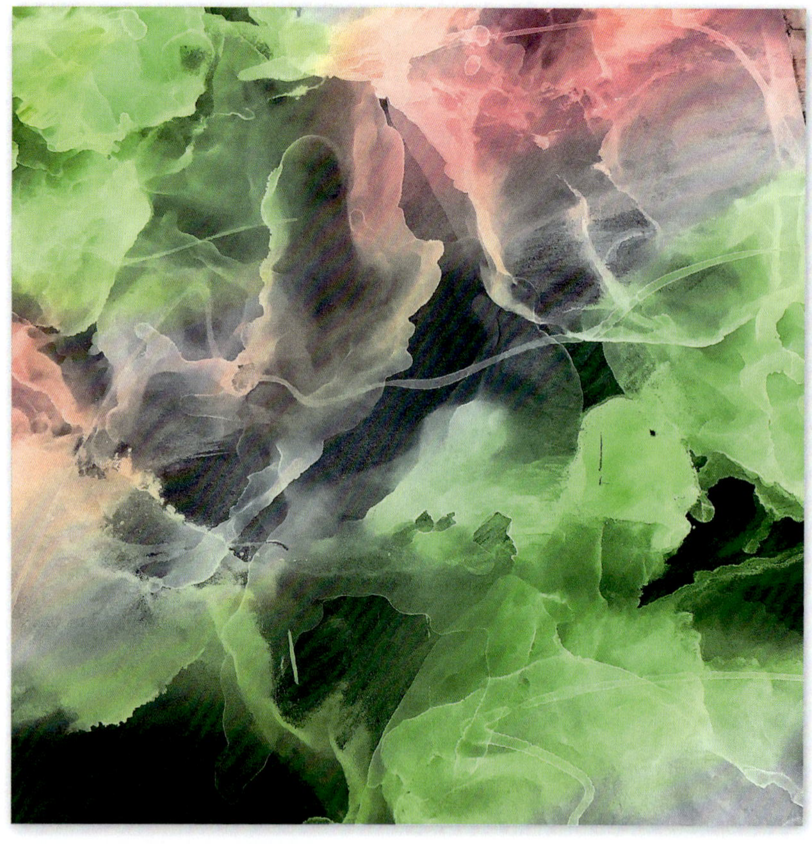

### 4. Schritt

Nach dem Trocknen die Neonfarben noch einmal intensivieren. Diesmal die Farben etwas konzentrierter auftragen. Dabei soll der erste Auftrag der weißen Alkohol-Tinte noch sichtbar sein.

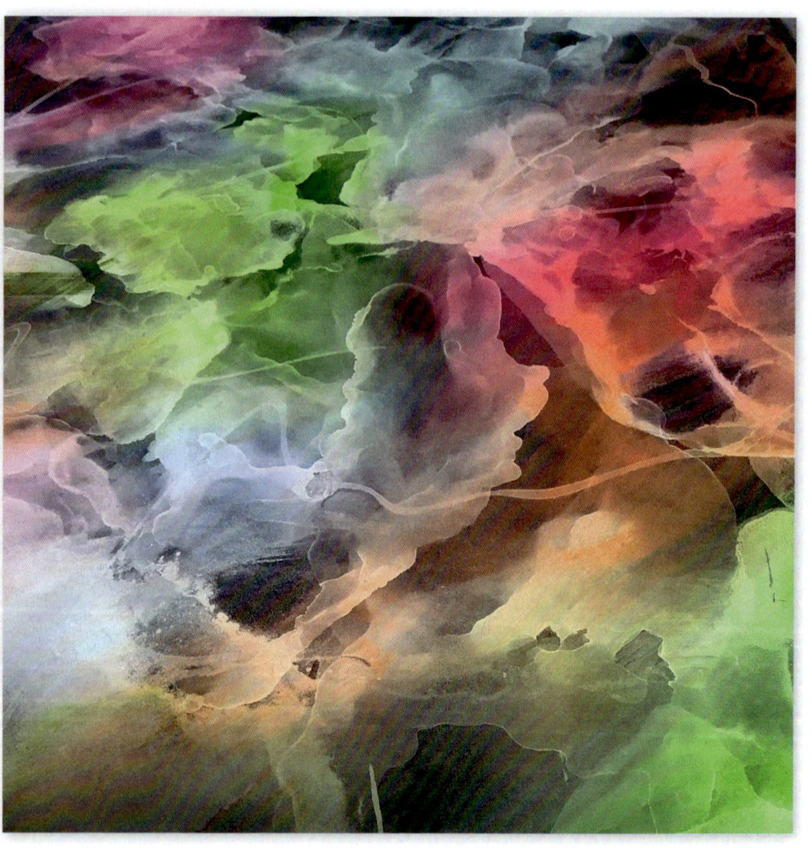

## 5. Schritt

Weiße Tinte in ein Nadelfläschchen füllen und mit Alkohol verdünnen. Damit noch einmal einige weiße Muster setzen und verblasen. Mit weißer, deckender Tusche oder Airbrushfarbe einige Partien hervorheben und ein paar weiße Linien einzeichnen.

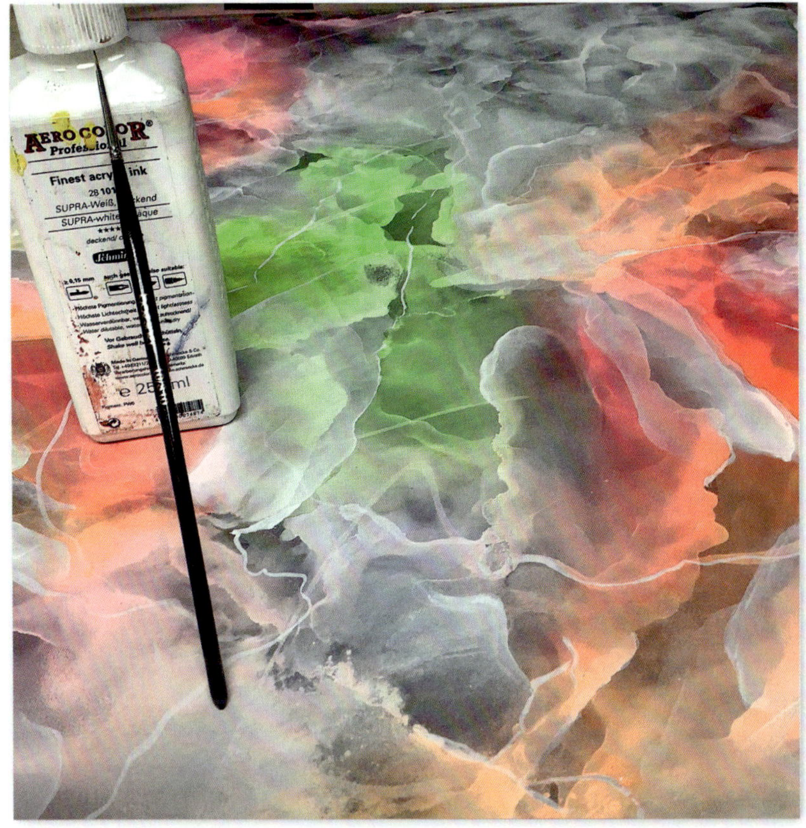


## 6. Schritt

Kleine Partien können mit Pinsel und Neonfarben noch einmal betont werden. Schwarze Acrylfarbe mit etwas Wasser verdünnen und mit einem feinen, spitzen Rundpinsel einige Linien einziehen. Einige Aussparungen am Bildrand damit ausmalen. Wenn gewünscht, können noch einige kleine Kleckser aufgespritzt werden.

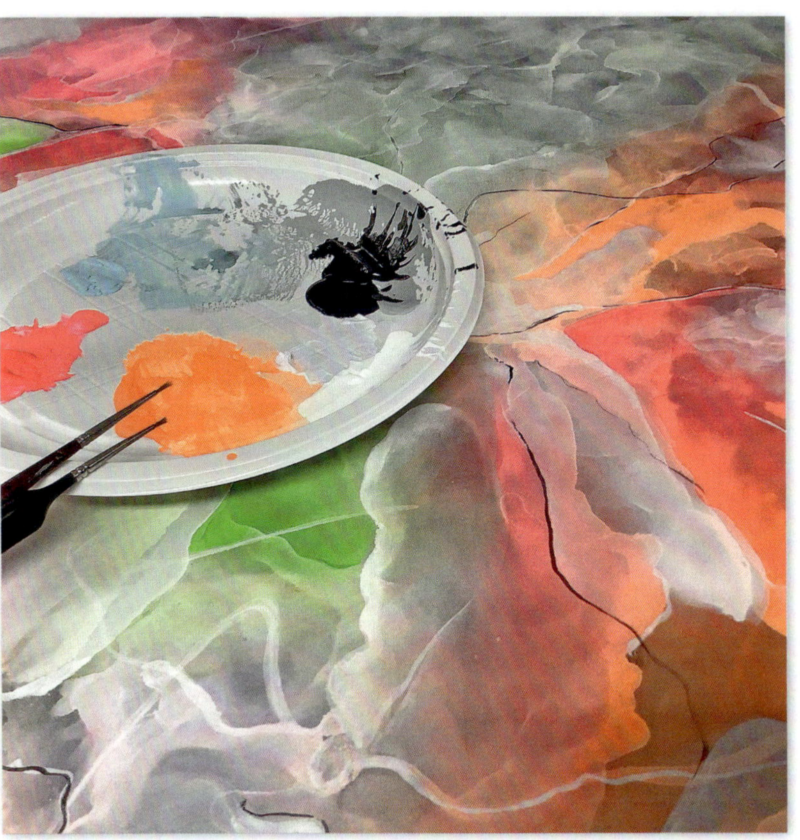

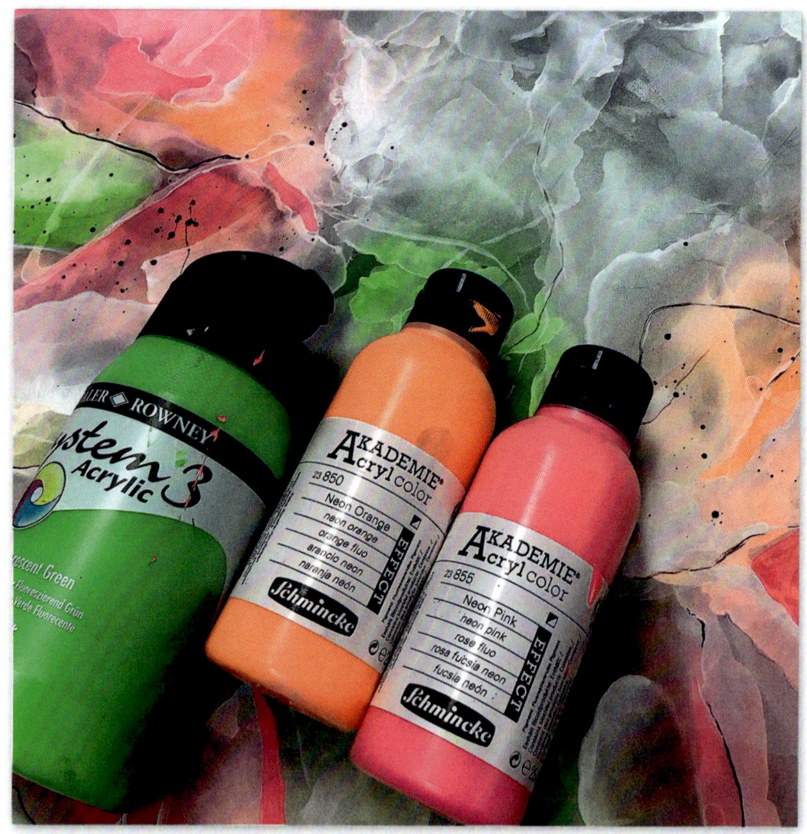


Neonfarben sind nicht deckend und sind deshalb sehr gut geeignet, um Malgründe nicht komplett zu übermalen. Darunterliegende Konturen und Linien bleiben noch sichtbar.

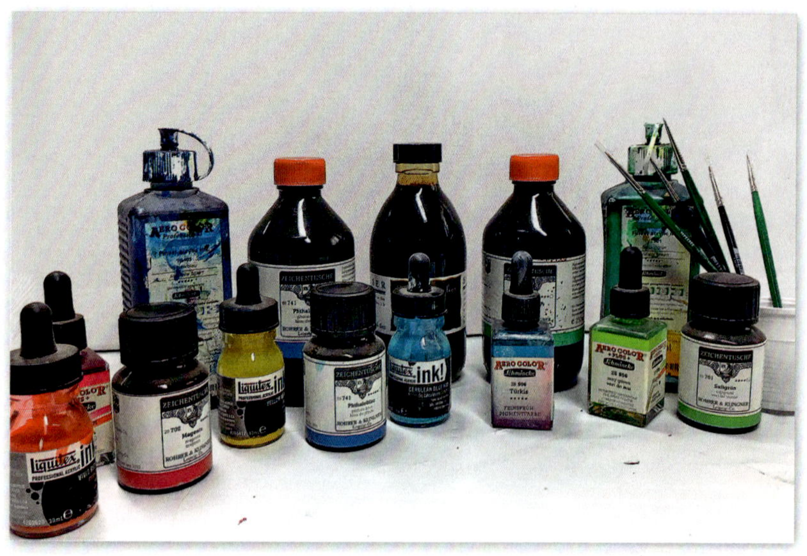

**Tipp:** Für feine Linien im Bild eignen sich am besten Airbrushfarben oder wasserfeste Tuschen. Mit einem sehr dünnen Pinsel mit feiner Spitze lassen sich filigranste Linien, Verästelungen oder Muster einzeichnen. Auch für kleine Farbspritzer auf dem Bild sind diese flüssigen Medien praktisch anwendbar.

Fertiges Bild

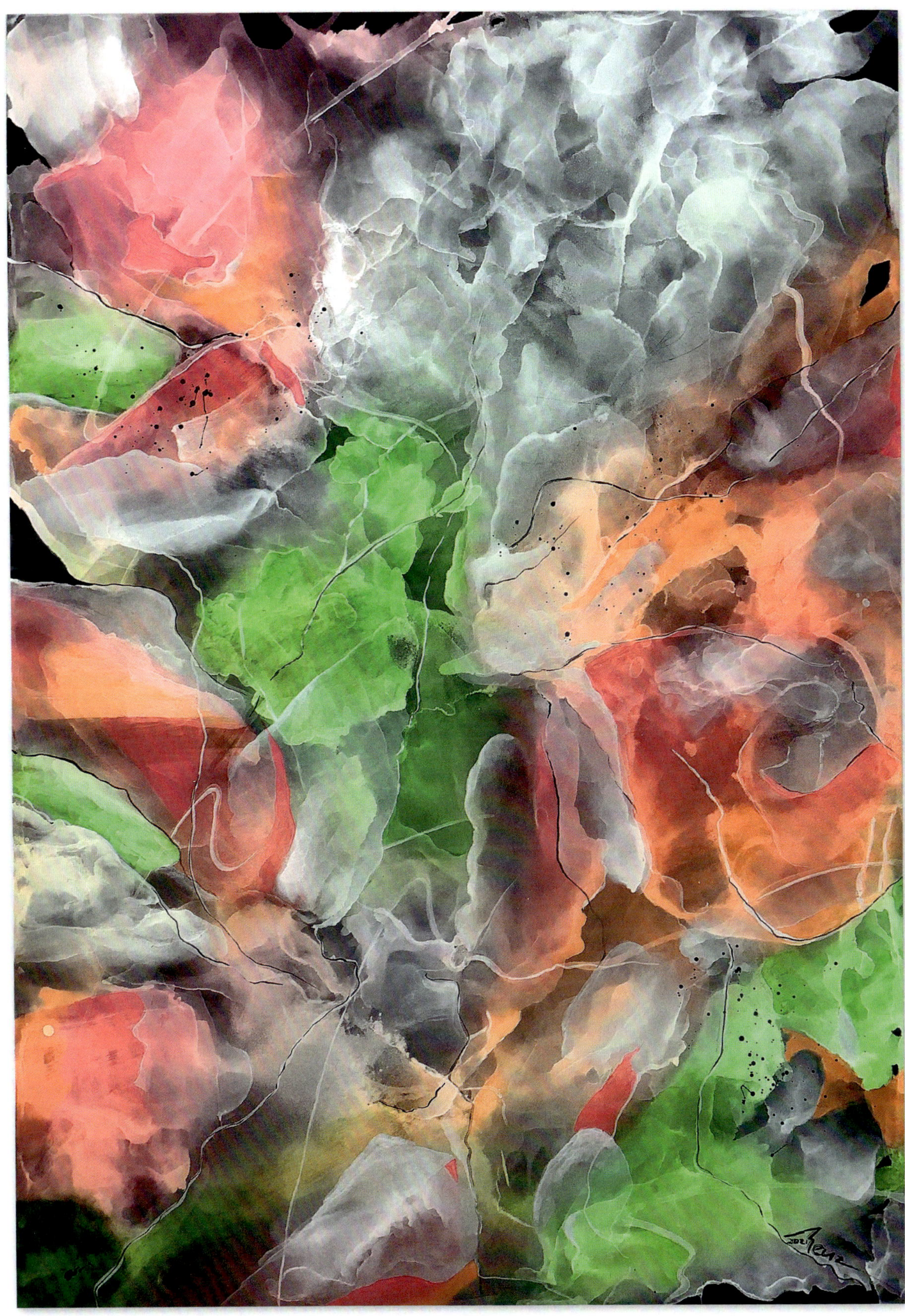

# Autumn

**Alcohol-Inks:**
- Baja Blue (Pinata)
- Havanna Brown (Pinata)
- Mantilla Black (Pinata)
- Carrot (Octopus)
- Gold Rush (Octopus)

**Weiteres Arbeitsmaterial:**
- 1 Platte Worbla Pearly, 50 x 75 cm
- Alkohol, 99,9 %
- Farbspray in Anthrazit und Gold (z. B. Dupli-Color)
- flüssige Goldbronze
- Nadelfläschchen
- Karton-Unterlage
- Cutter
- Metall-Lineal
- Strohhalm, Blasebalg oder Föhn
- Rundpinsel mit feiner Spitze
- Schablone mit Mäandermuster

**1. Schritt**

Die Worbla-Platte auf einen Karton legen und mithilfe von Cutter und Metall-Lineal auf das Maß 50 x 70 cm zuschneiden. Dieses Format passt in jeden handelsüblichen Wechselrahmen!
In der linken unteren Ecke Tinte in Braun, einen Tropfen Schwarz, Blau und Gold auftropfen. Etwas Alkohol dazugeben und die Farben verblasen. Zum Bildrand hin heller werden lassen, indem Sie mehr Alkohol zugeben.

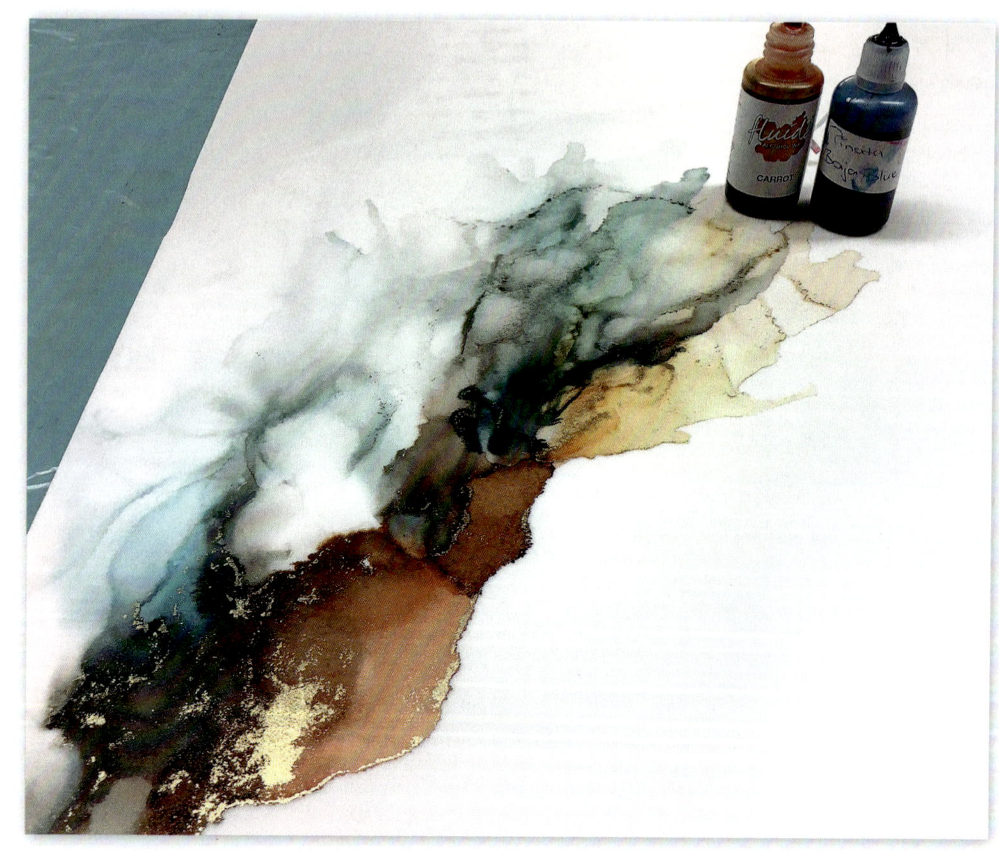

**2. Schritt**

Im Anschluss weitere Tinten auftropfen, mit Alkohol anlösen und verblasen. Stellenweise auch das Orange mit einarbeiten.

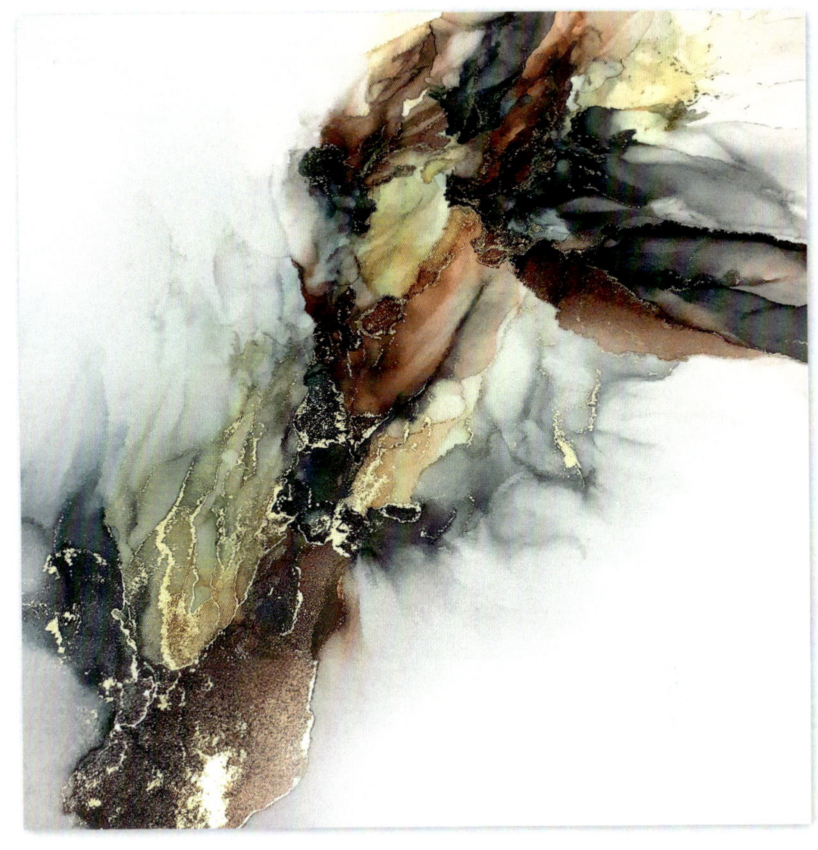

**3. Schritt**

So lange in dieser Art weiterarbeiten, bis in diagonaler Linie ein durchgehendes Muster entsteht.

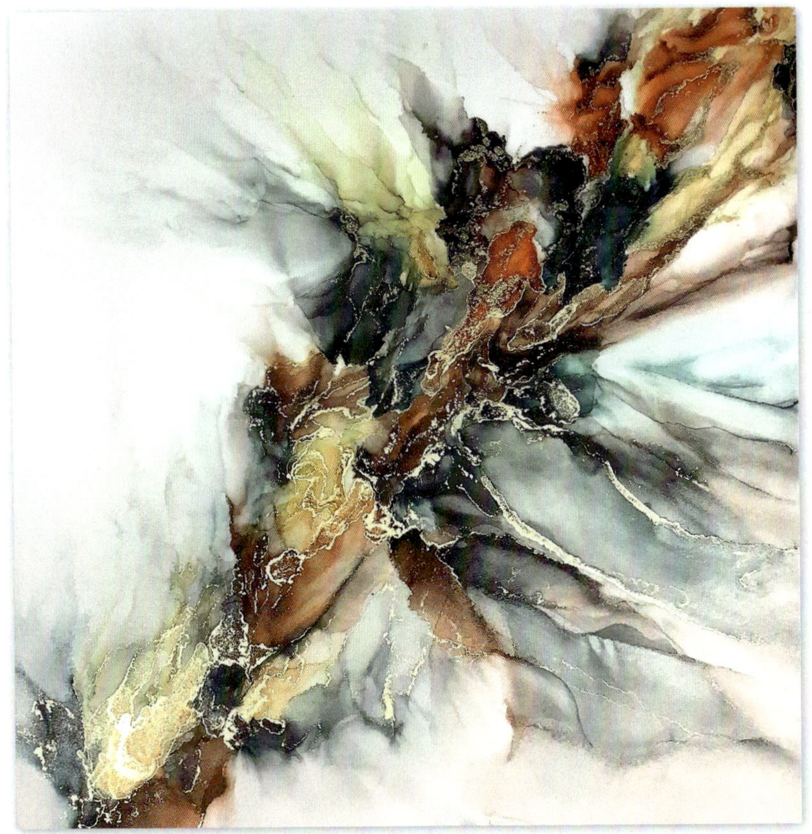

### 4. Schritt

Die Außenränder immer wieder mit Alkohol anlösen und verblasen, damit sich feinste helle Linien ergeben.

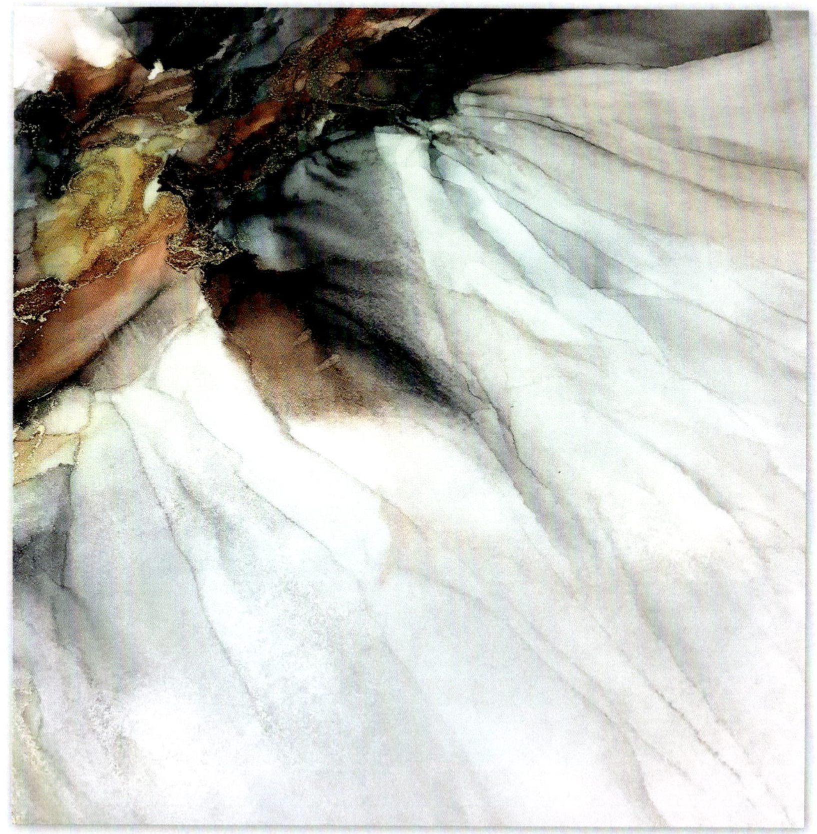

### 5. Schritt

Mit einem feinen Rundpinsel Alkohol aufnehmen und an einigen Stellen aufspritzen.

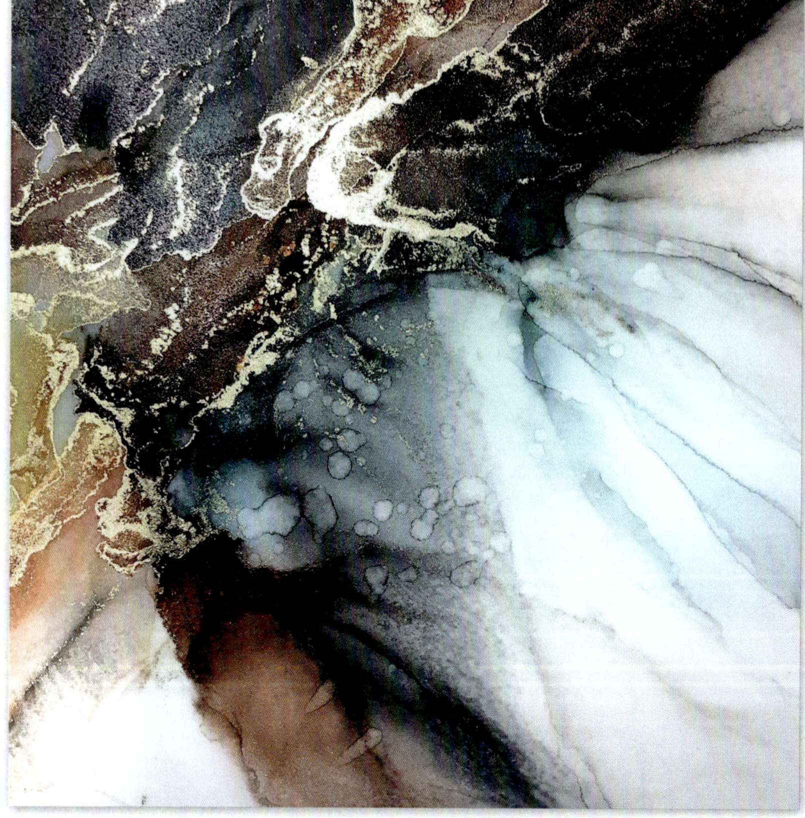

**Tipp:** Schablonen eignen sich hervorragend in Verbindung mit Tinten! Die organischen Bild-Formen werden durch die konkreten Linien und Muster der Schablone durchbrochen und bilden einen interessanten Kontrast. Sie finden Schablonen in Bastelgeschäften und über das Internet.

### 6. Schritt

Am oberen linken Bildrand exakt und gerade die Schablone auflegen, mit Klebeband fixieren und den Rest des Bildes gut abdecken. Sparsam und mit kurzen Druckstößen Metallic-Spray in Anthrazit am Bildrand über der Schablone aufsprühen. Mit Metallic-Spray in Gold das verbliebene Stück der Schablone besprühen. Mit einem kleinen Rundpinsel noch einige Spritzer Goldbronze aufklecksen.

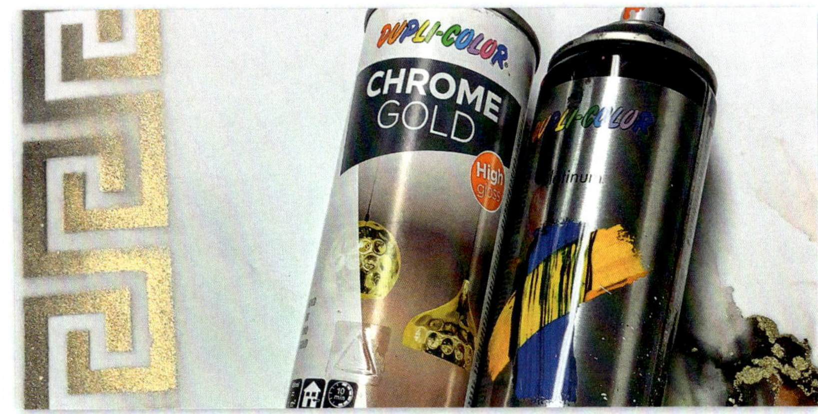


### Fertiges Bild

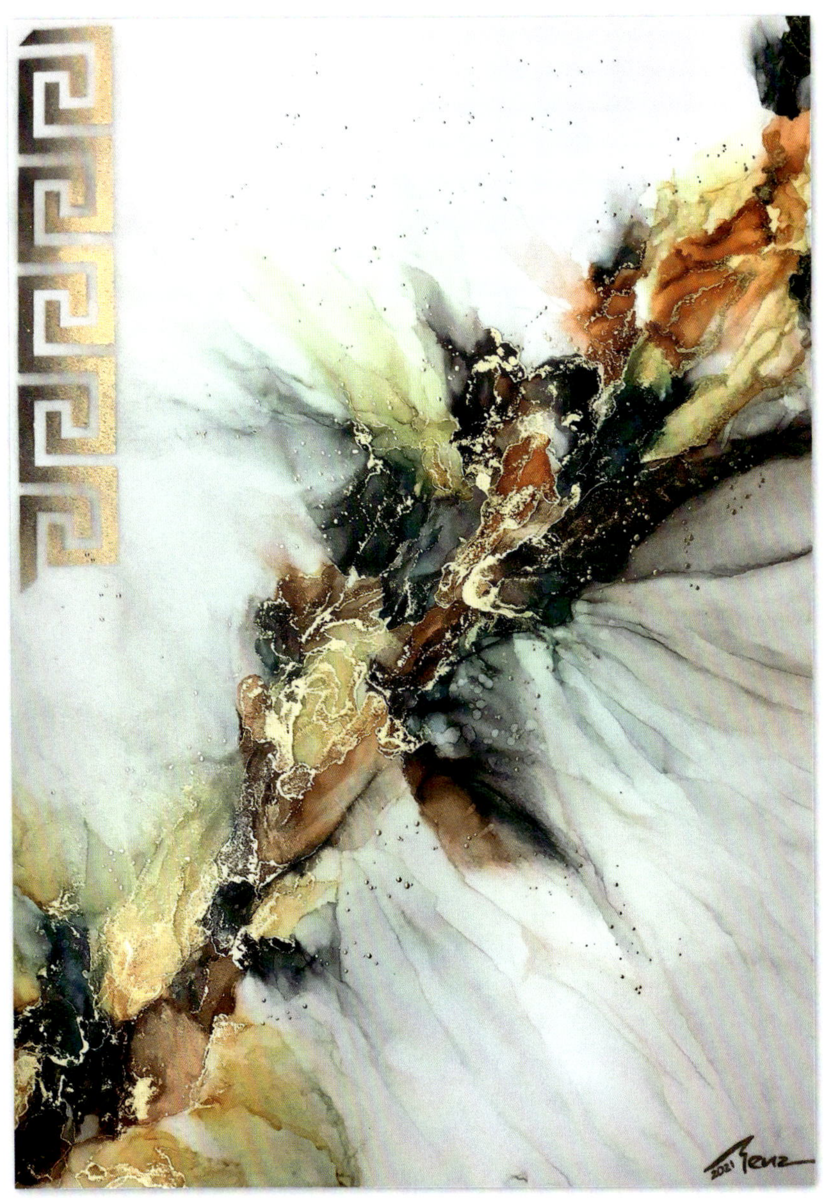

# Black Power

**Alcohol-Inks:**

- Mantilla Black (Pinata)
- Gold Rush (Octopus)

**Weiteres Arbeitsmaterial:**

- 1 Platte Worbla Pearly, 50 x 75 cm
- Alkohol, 99,9 %
- Nadelfläschchen
- flüssige Goldbronze
- Karton-Unterlage
- Cutter
- Metall-Lineal
- Strohhalm, Blasebalg oder Föhn
- Rundpinsel mit feiner Spitze
- großer Zirkel oder großer runder Haushaltsgegenstand (z. B. Schüssel/Eimer)
- Acryl-Glanzfirnis mit UV-Schutz, zum Sprühen

### 1. Schritt

Die Worbla-Platte auf einen Karton legen und mithilfe von Cutter und Metall-Lineal auf das Maß 50 x 70 cm zuschneiden. Dieses Format passt in jeden handelsüblichen Wechselrahmen!

Tinte in Schwarz auftropfen und etwas Gold dazugeben. Mit einigen Tropfen Alkohol die Ränder anlösen und mit Strohhalm, Blasebalg oder Föhn verblasen. Dies immer wieder an den neu entstandenen Rändern wiederholen, sodass sich die Tinte mehr und mehr aufhellt und sich feine helle Verwaschungen ergeben.

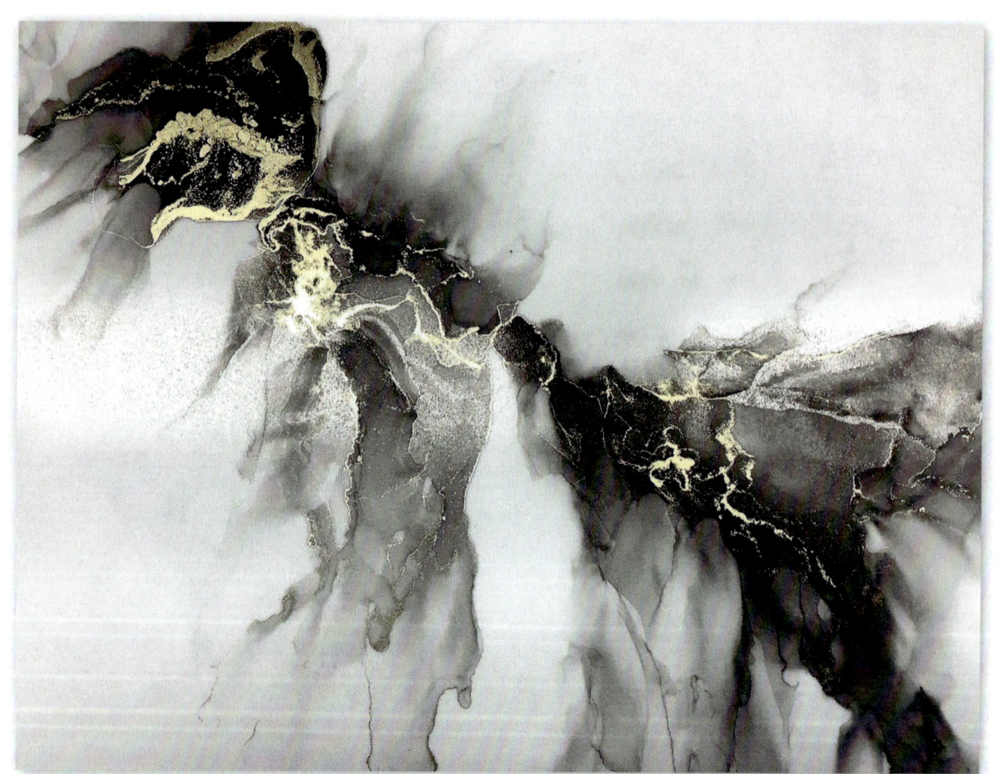

### 2. Schritt

Im Bogen weitere Farbe und Gold auftropfen und wieder verfahren, wie bei Schritt 1 beschrieben.

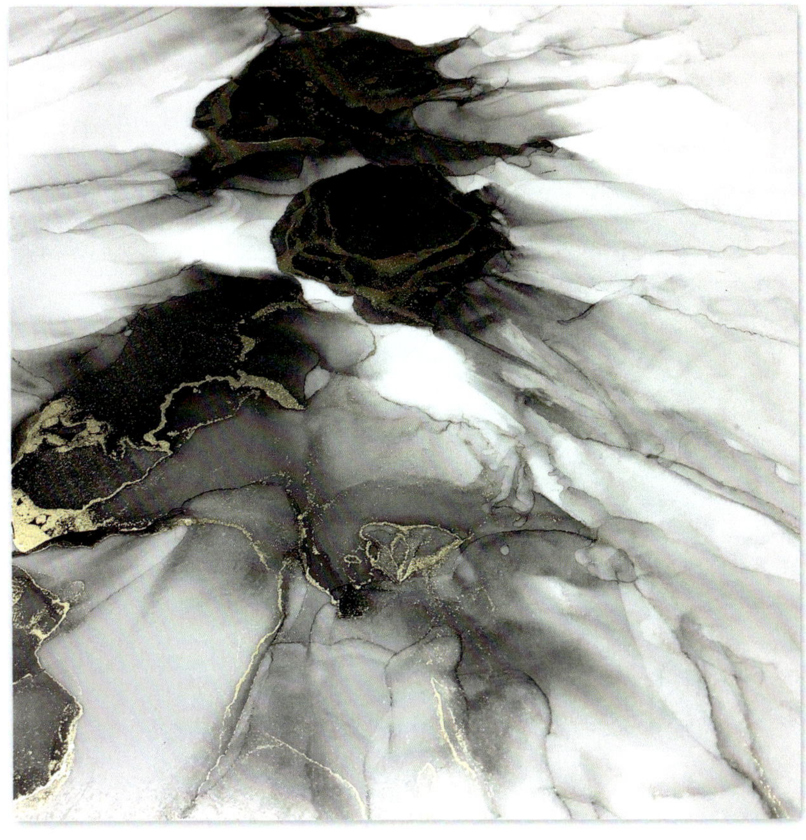

### 3. Schritt

Nach Wunsch können Sie weitere schwarzgoldene Gebilde auf dem unbemalten Malgrund anlegen.

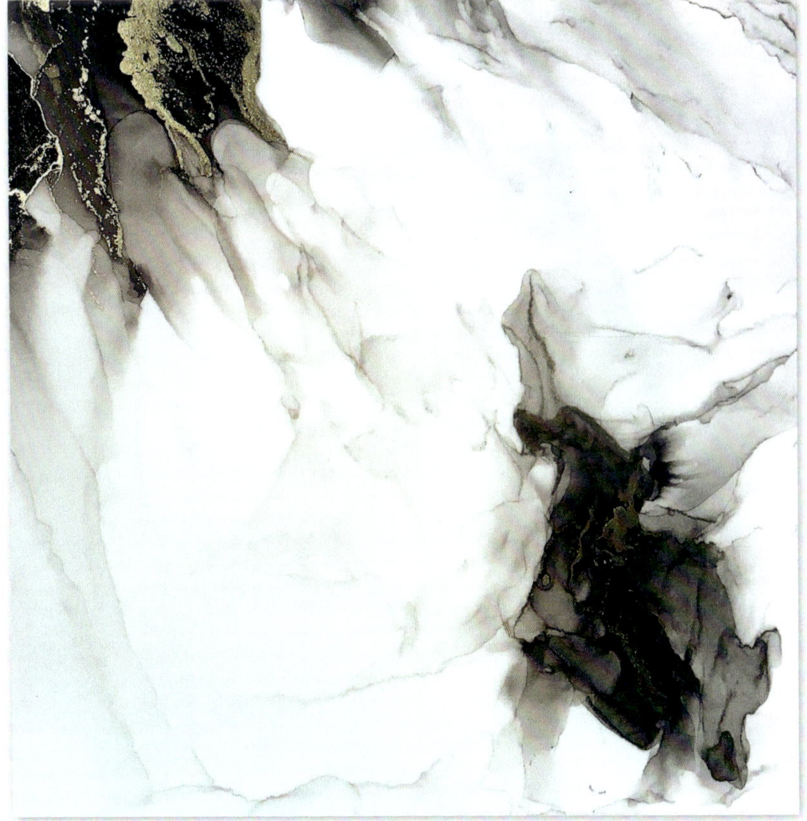

**4. Schritt**

Mit einem großen Zirkel oder einem runden Haushaltsgegenstand (z. B. Schüssel oder Eimer) mit einem Bleistift drei Bögen aufzeichnen. Die Bögen mit einem feinen Rundpinsel mit flüssiger Goldbronze ausmalen. Ebenfalls mit dem Rundpinsel etwas Bronze aufnehmen und an beliebigen Stellen einige Kleckser aufspritzen.
Nach dem Trocknen das Bild mit Glanzfirnis besprühen.

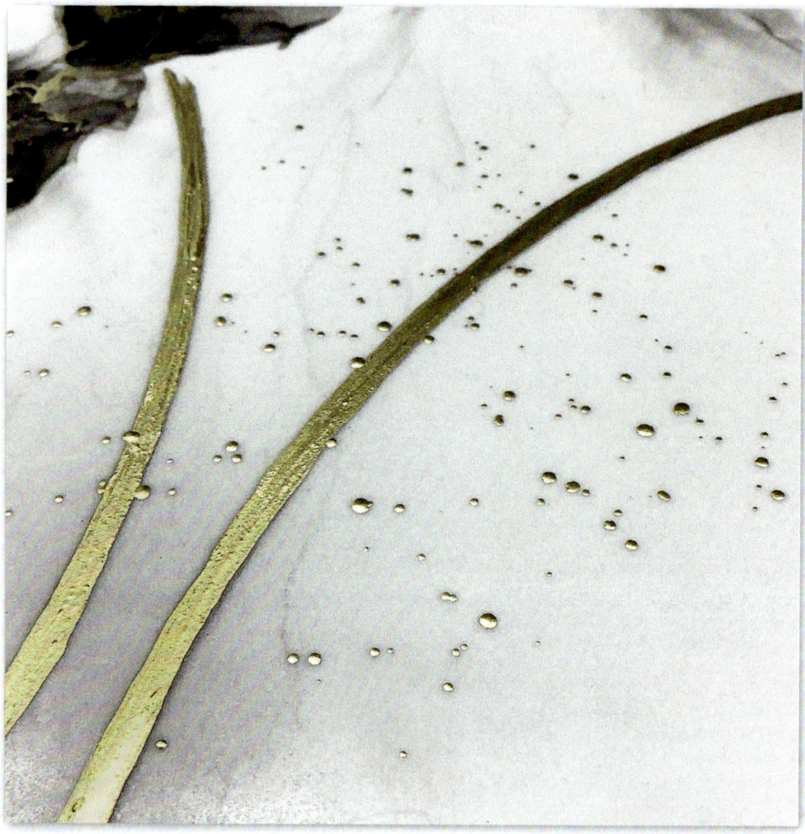

**Tipp:** Flüssige Bronzen eignen sich hervorragend um metallische und edle Akzente zu setzen. Sie können flüssige Bronzen in jeder beliebigen Konsistenz selbst herstellen.

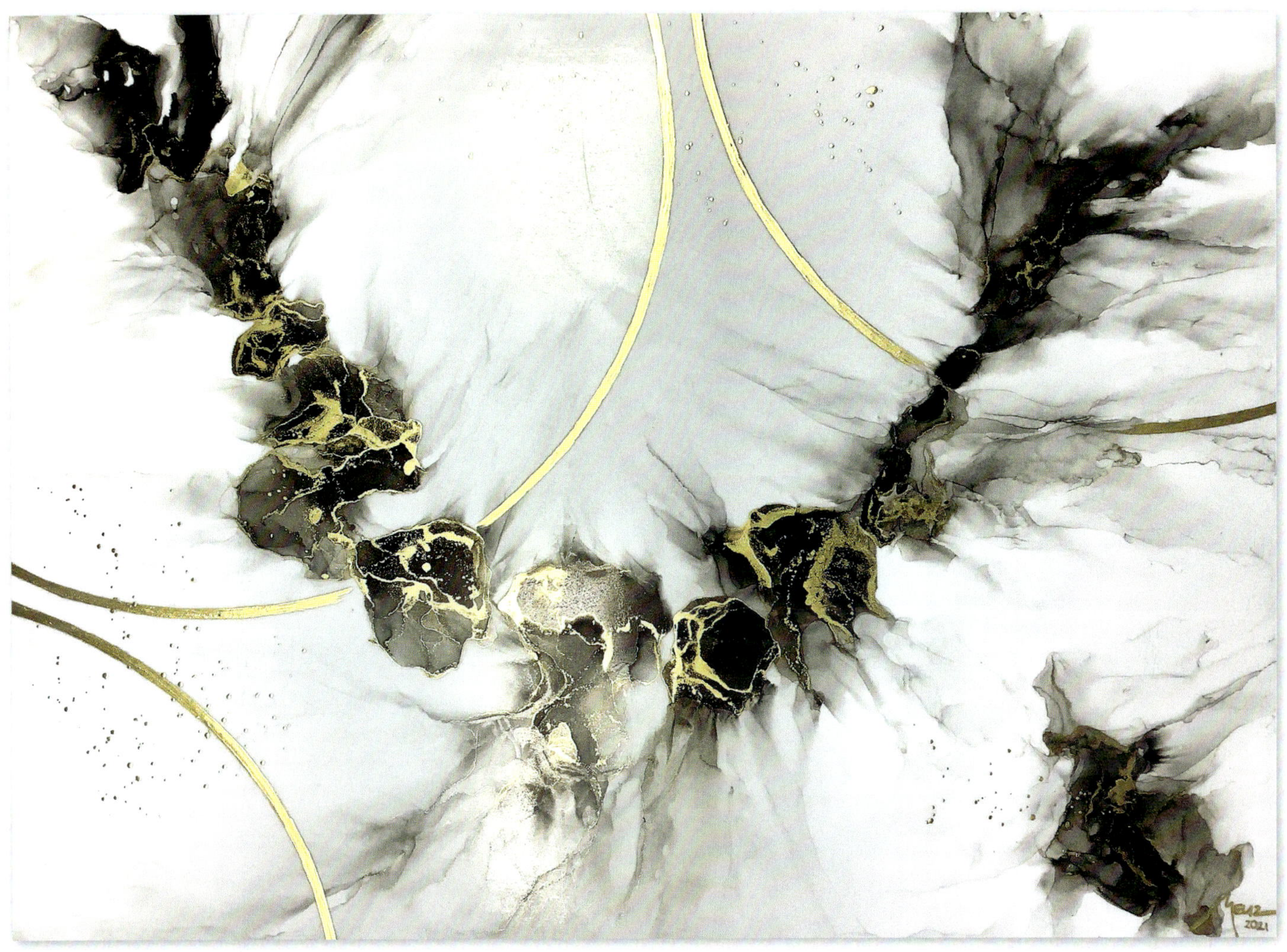

Fertiges Bild

# Laissez-faire

**Alcohol-Inks:**

- Mantilla Black (Pinata)
- Burro Brown (Pinata)
- Gold Rush (Octopus)
- Brownie (Octopus)

**Weiteres Arbeitsmaterial:**

- 1 Platte Worbla Pearly, 50 x 75 cm
- Alkohol, 99,9 %
- Farbspray in Braun oder Anthrazit
- Metallic-Spray in Gold (z. B. Dupli-Color)
- flüssige Goldbronze
- Nadelfläschchen
- Karton-Unterlage
- Cutter
- Lineal
- Strohhalm mit Knick
- Föhn
- Wattestäbchen
- Schablone mit Schrift
- Klebeband
- Acryl-Glanzfirnis mit UV-Schutz, zum Sprühen

**1. Schritt**

Die Worbla-Platte auf einen Karton legen und mithilfe von Cutter und Metall-Lineal auf das Maß 50 x 70 cm zuschneiden. Dieses Format passt in jeden handelsüblichen Wechselrahmen!

Ca. 10 cm vom unteren Bildrand entfernt einige Tropfen Tinte in Schwarz, Braun und Gold setzen. Etwas Alkohol entlang der Ränder dazugeben und sofort mit Strohhalm oder Föhn nach oben verblasen. Die äußeren Kanten mittels Alkohol wieder anlösen und wieder verblasen, sodass sich nach außen nur ganz helle Farben zeigen.

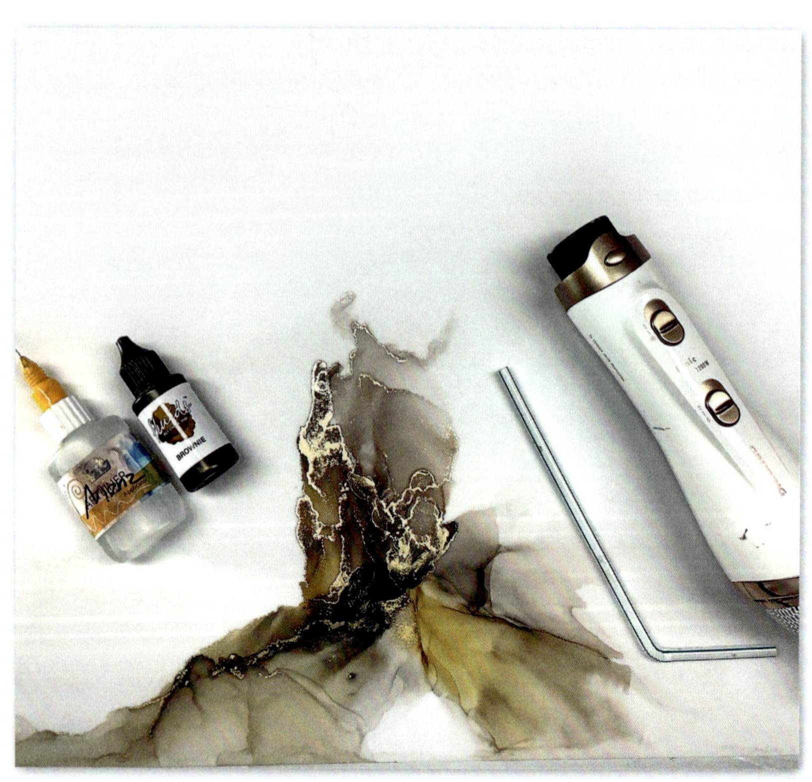

## 2. Schritt

Die Tinten Partie für Partie auftropfen, mittels Alkohol anlösen und wieder verblasen. Beim Föhnen schiebt sich das Farbe-Alkohol-Gemisch gerne am äußeren Bildrand hoch. Diese unerwünschten Farbspuren können mit einem in Alkohol getränkten Küchenkrepp einfach weggewischt werden – vorausgesetzt, Sie arbeiten auf Worbla.

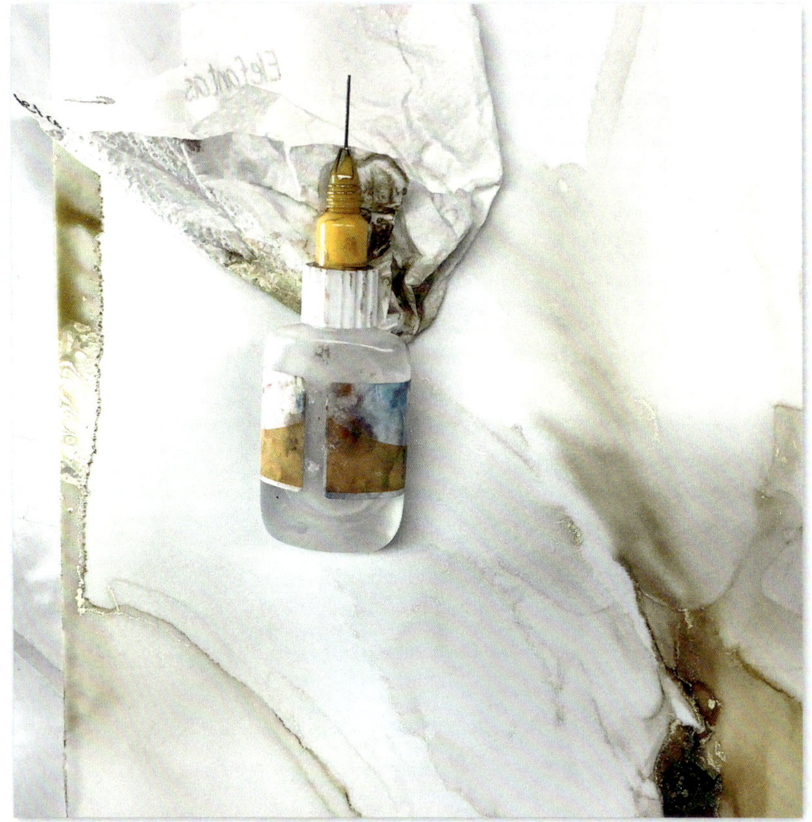

## 3. Schritt

Wenn das Bild farblich fertig gestaltet ist, werden noch einige Akzente gesetzt. Hierfür etwas Alkohol auf einen Teller geben und mit einem Wattestäbchen aufnehmen. Die Watte sollte nur feucht und nicht nass sein. An beliebigen Stellen damit Tinte wieder auswaschen, um so Muster einzuarbeiten. Das Stäbchen dabei immer wieder wenden und nötigenfalls ein Neues verwenden.

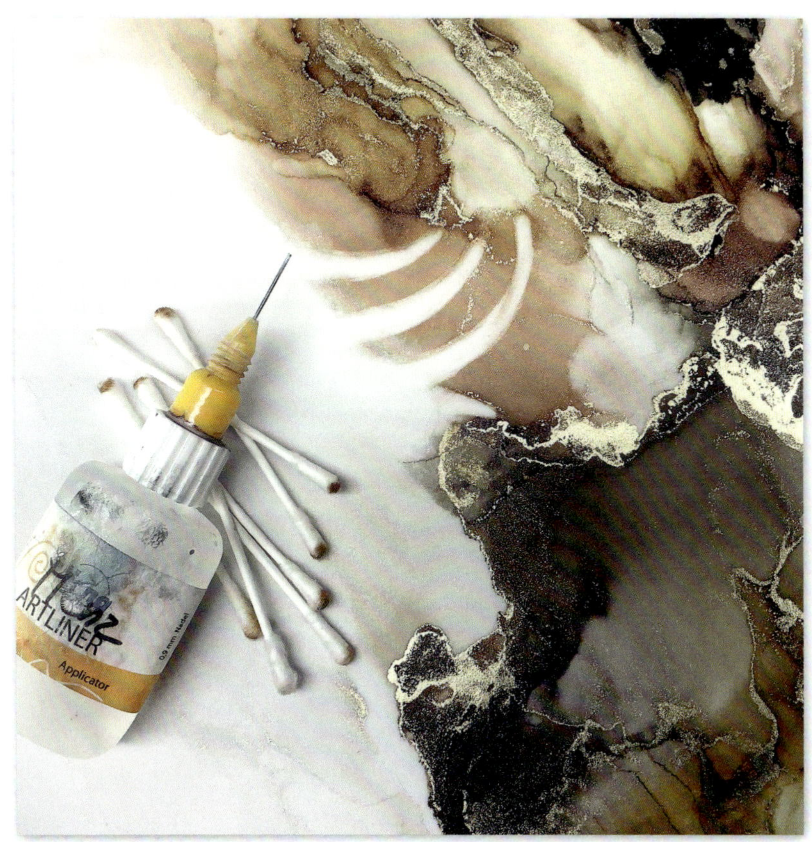

**4. Schritt**

Schablone oben links auflegen, mit Klebeband befestigen und den Rest des Bildes gut abdecken. Mit Farbspray in Braun oder Anthrazit an der Bildkante entlang über die Schablone sprühen. Mit Metallic-Spray in Gold nochmals dünn übersprühen und zur Bildmitte auslaufen lassen. Rechts unten wiederholen.

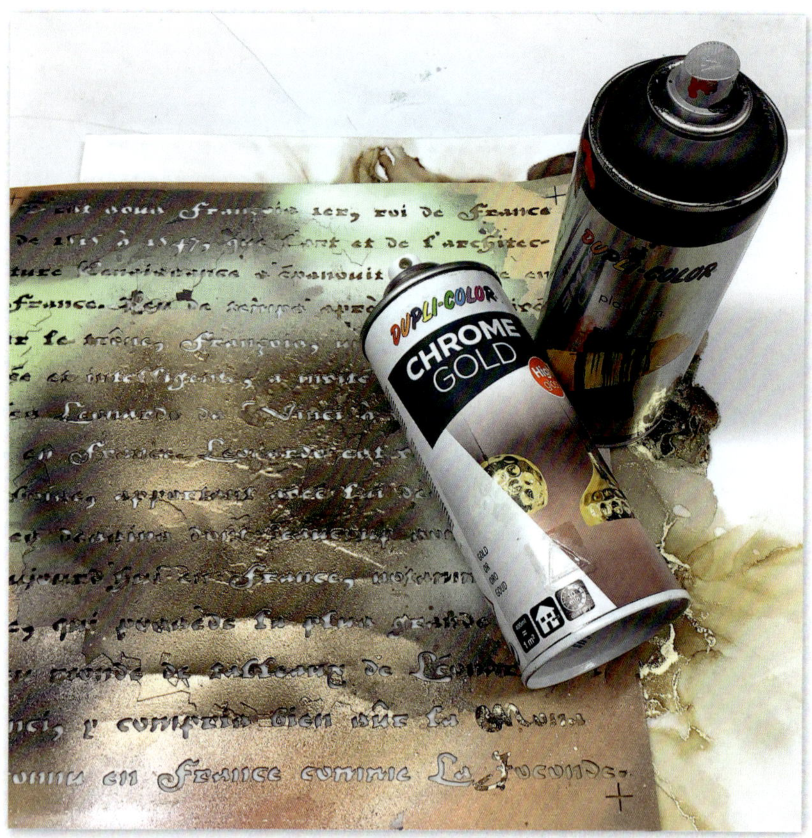


**5. Schritt**

Flüssige Goldbronze auf einen kleinen Rundpinsel geben und damit einige Spritzer aufbringen. Mit Tinte in Burro Brown wiederholen. Das Bild nach dem Trocknen mit einer dünnen Schicht Acrylfirnis mit UV-Schutz besprühen.

**Tipp:** Üben Sie das „Aufklecksen" der Spritzer zuerst auf einem Blatt Papier. Die Konsistenz der Farbe ist ausschlaggebend für die Stärke der Sprenkel.

## Fertiges Bild

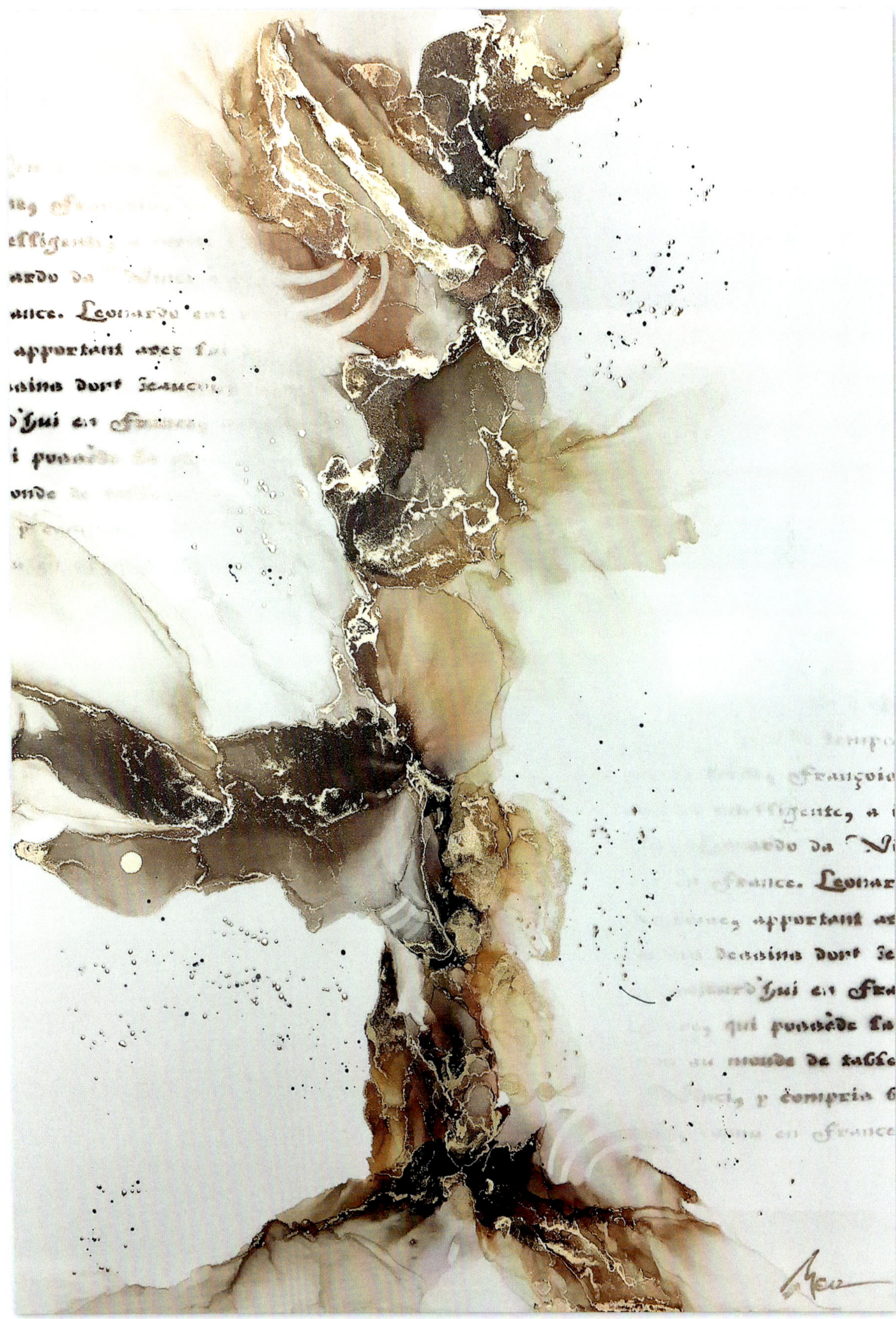

# Shadow

**Alcohol-Inks:**
- Shadow Grey (Pinata)
- Mantilla Black (Pinata)
- Gold Rush (Octopus)
- Snowflake (Octopus)
- Opak Caribic (Octopus)

**Weiteres Arbeitsmaterial:**
- 1 Platte Worbla Pearly, 50 x 75 cm
- Karton-Unterlage
- Cutter
- Metall-Lineal
- Alkohol, 99,9 %
- Nadelfläschchen
- flüssige Goldbronze
- Rundpinsel mit feiner Spitze
- Metallic-Pigment Pearl Ex Duo Blue-Green (Jacquard)
- Acryl-Glanzfirnis mit UV-Schutz, zum Sprühen

### 1. Schritt

Die Worbla-Platte auf einen Karton legen und mithilfe von Cutter und Metall-Lineal auf das Maß 50 x 70 cm zuschneiden. Dieses Format passt in jeden handelsüblichen Wechselrahmen!

In ein Nadelfläschchen Alkohol füllen und einige Tropfen Tinte in Gold beimischen. Am linken Bildrand 2–3 Tropfen Tinte in Schwarz und Grau auftropfen und das verdünnte Gold am Rand auftragen. Mit dem Föhn verblasen. Tinte in Weiß und verdünntes Gold an den dunklen Konturen aufträufeln und wieder mit dem Föhn verblasen.

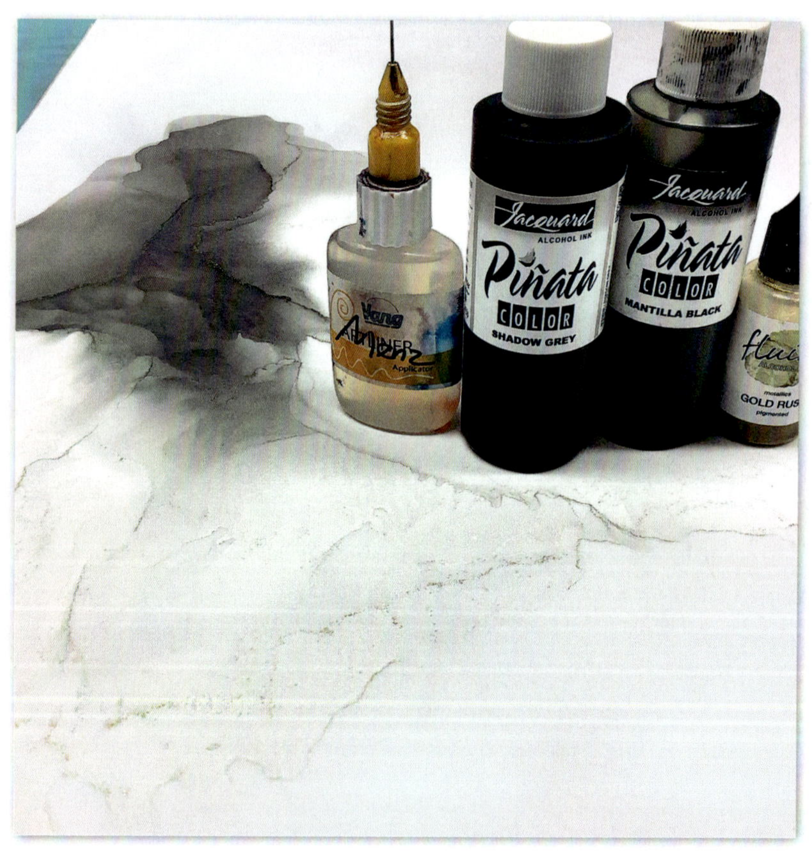

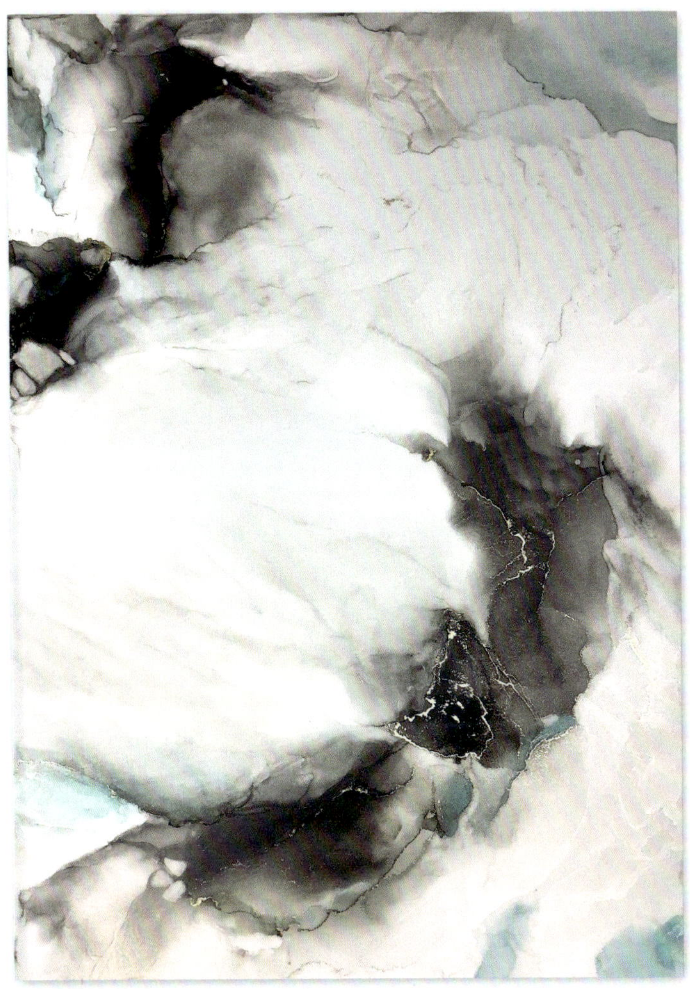

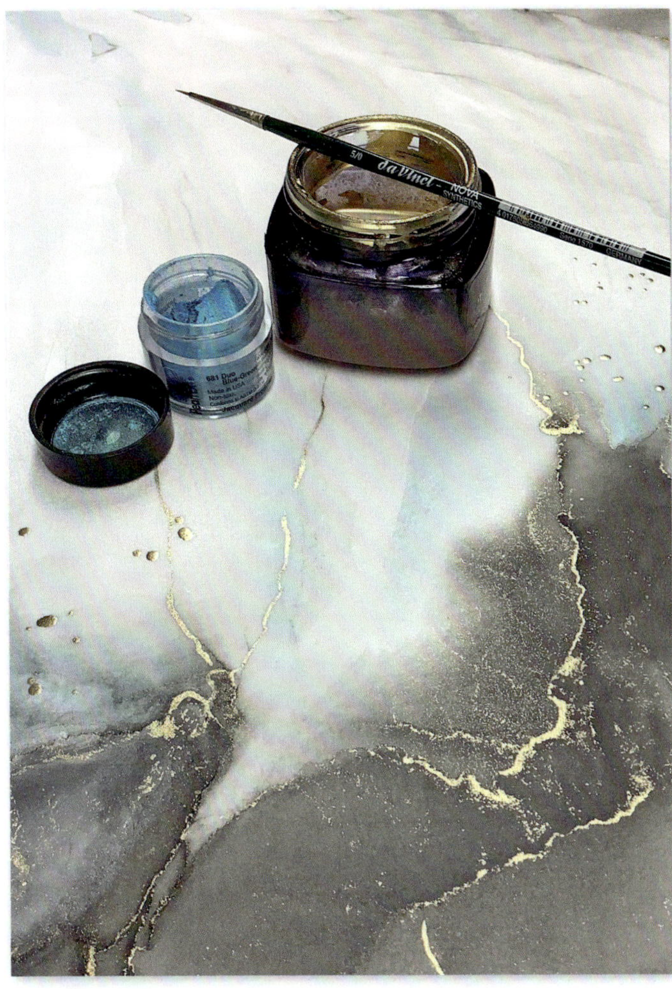

## 2. Schritt

Türkisblau in ein Nadelfläschchen geben, mit Grau abdunkeln und mit Alkohol verdünnen. Das Weiß ebenfalls verdünnen. An einigen Stellen das Türkisblau auftropfen und verblasen. Die größeren Flächen mit Weiß und verdünntem Gold bearbeiten. Unerwünschte Farbränder und Linien können mit Küchenkrepp und Alkohol wieder entfernt werden.

## 3. Schritt

Etwas Metallic-Pigment auf einen Teller geben und mit einem kleinen, weichen Pinsel aufnehmen. An einigen türkisfarbenen Stellen zart und ohne Druck aufreiben und so das Türkis vertiefen. Nach Wunsch einige neue Farbfelder hinzufügen.

Mit einem feinen Rundpinsel flüssige Goldbronze aufnehmen und einige goldfarbenen Linien verstärken und verlängern. Noch einige kleine Spritzer in Gold aufbringen. Nach dem Trocknen das Bild dünn mit Acryl-Firnis mit UV-Schutz besprühen, um Pearl Ex zu fixieren und die Tinten vor Ausbleichung zu schützen.

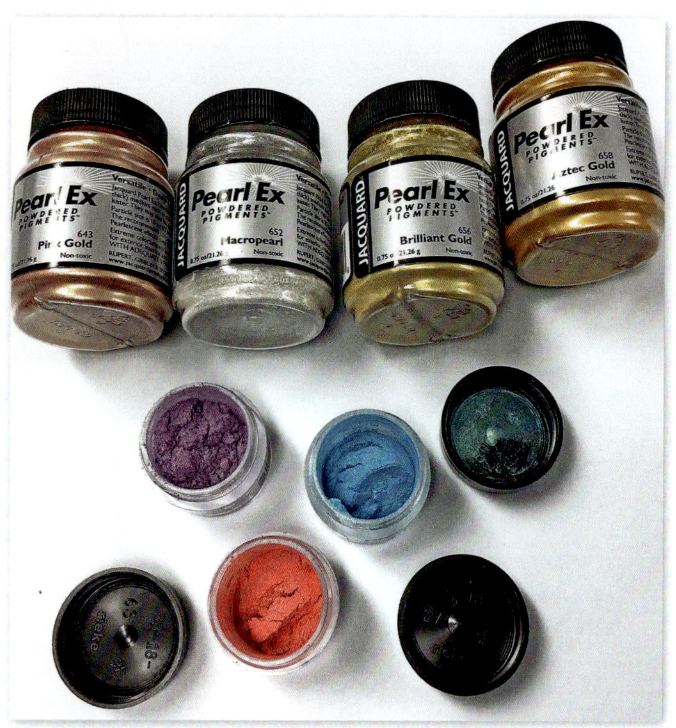


Die Serie Pearl Ex von Jacquard bietet Metall-Effekt-Pigmente in vielen wunderschönen Farben. Die Pigmente können trocken aufgerieben werden, sofern sie danach mit Sprühfirnis fixiert werden. Sie können aber ebenso in oder auf Acrylfarbe und in Resin (Kunstharz) verwendet werden. Es ist ein sehr vielseitiges Hilfsmittel, um Bildern ein „glanzvolles Finish" zu verleihen.

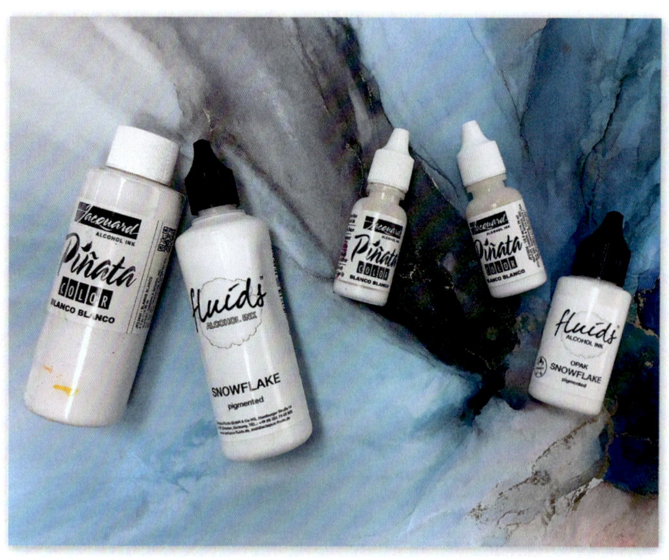


**Tipp:** Die Farbe „Weiß" spielt bei der Anwendung von Alcohol-Inks eine wichtige Rolle! Sie können damit alle Tinten aufhellen, sodass sie pastellig erscheinen. Weiß vermischt sich zudem sehr schön mit den Volltönen, sodass in Verbindung mit Alkohol schöne fließende Übergänge entstehen.

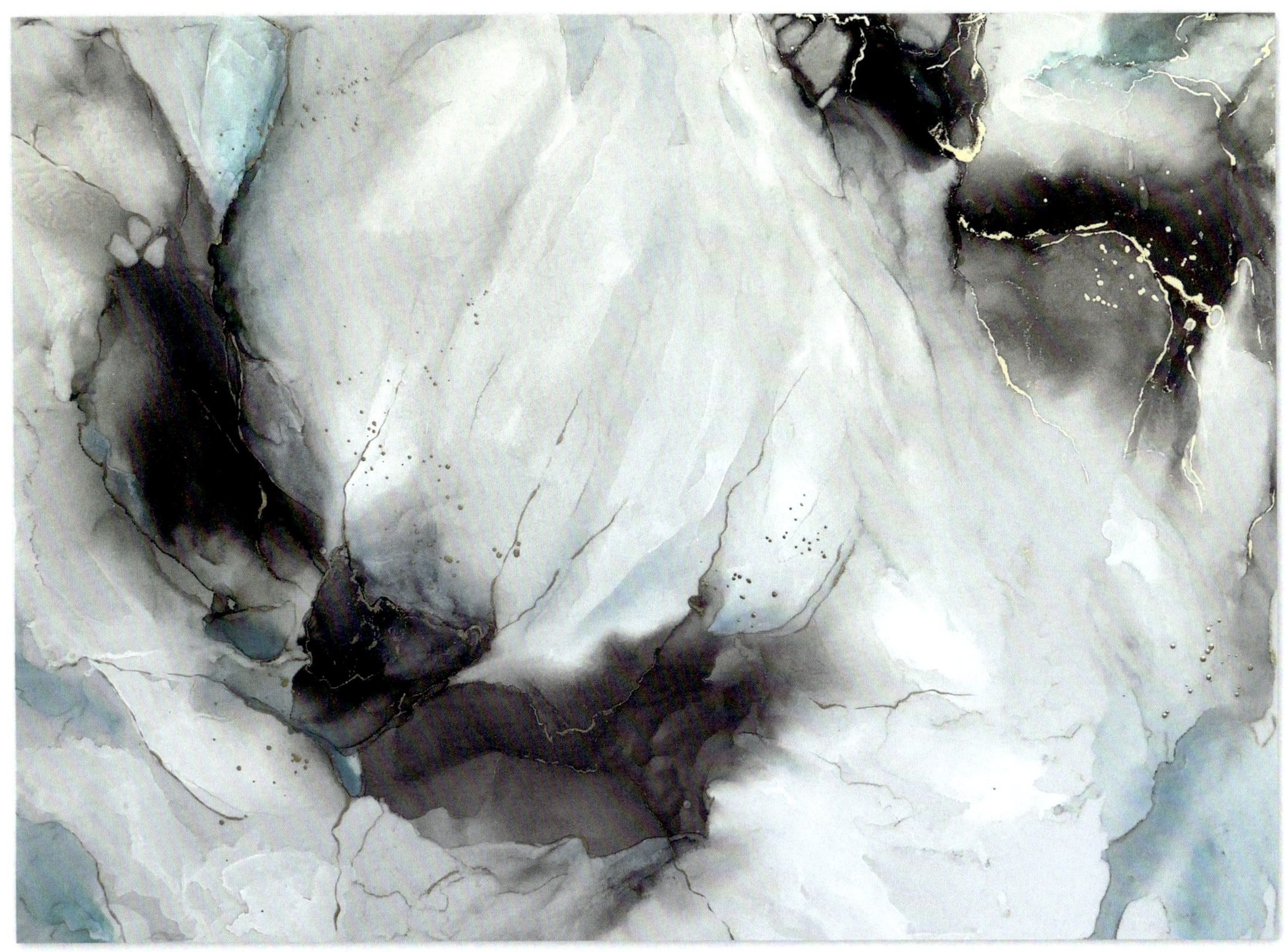

Fertiges Bild

# Magic Colours

**Alcohol-Ink:**
- Snowflake (Octopus)

**Weiteres Arbeitsmaterial:**
- 1 Platte Worbla Black, 50 x 75 cm
- Alkohol, 99,9 %
- Acrylfarbe in Weiß
- Nadelfläschchen
- spitzer feiner Rundpinsel
- PanPastel oder Pastellkreiden in Zartgelb und Hellrosa
- flüssige Silberbronze (z. B. Bronzepulver in Aluminium und Bronze-Tinktur, Guardi)
- Karton-Unterlage
- Cutter
- Metall-Lineal
- Strohhalm oder Föhn
- Acryl-Glanzfirnis mit UV-Schutz, zum Sprühen

### 1. Schritt

Die Worbla-Platte auf einen Karton legen und mithilfe von Cutter und Metall-Lineal auf das Maß 50 x 70 cm zuschneiden. Dieses Format passt in jeden handelsüblichen Wechselrahmen!
Weiße Tinte in ein Nadelfläschchen füllen und mit Alkohol verdünnen. Diese Tinte im unteren Bildbereich auftropfen. Um die Farbe herum etwas Alkohol verteilen und sofort mit Strohhalm oder Föhn verblasen. Die Außenränder wieder anlösen und verblasen. Diese Schritte mehrmals wiederholen. Sie können die Tinte nicht nur nebeneinander, sondern auch ineinander geben. Hier sind viele Ränder erwünscht.

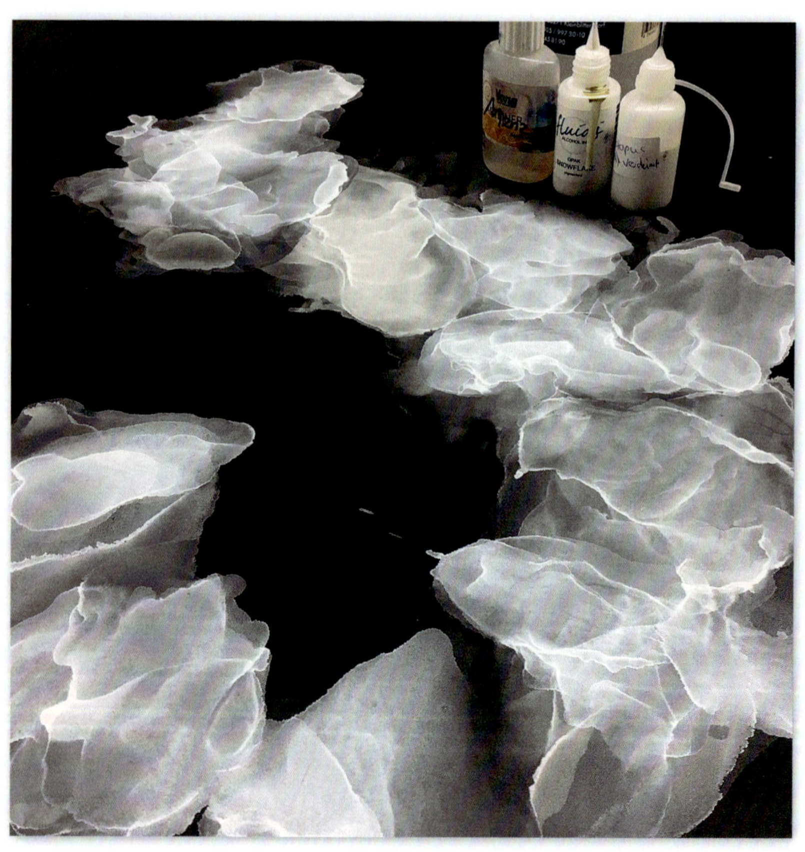

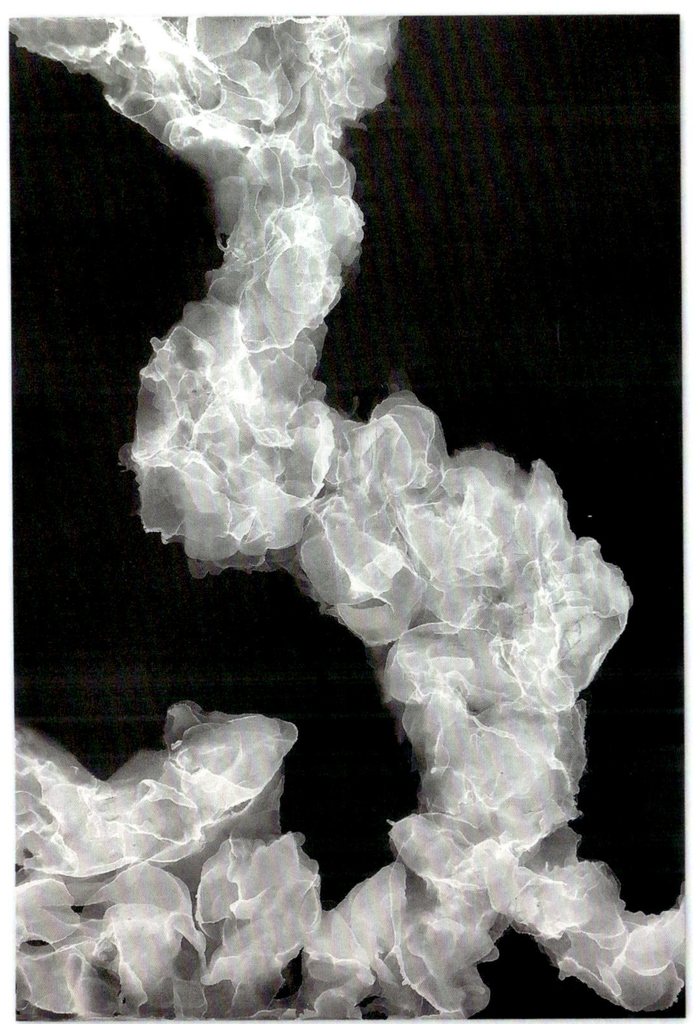

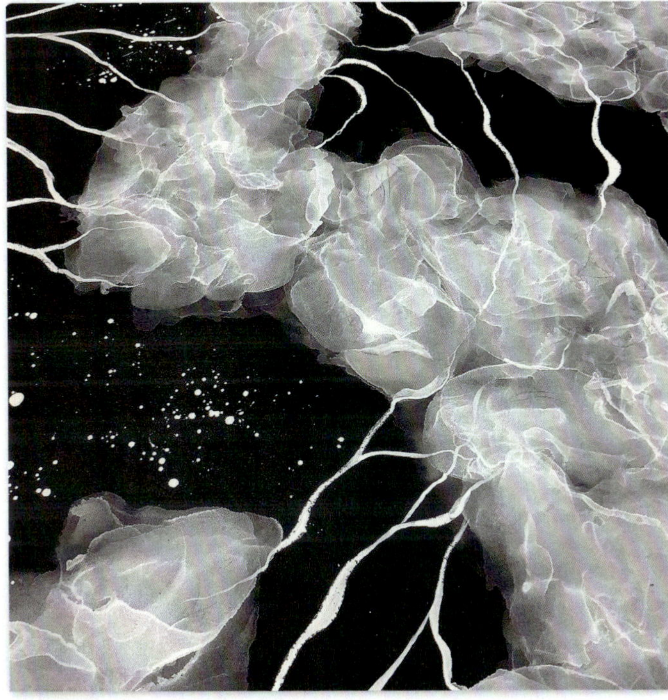

### 2. Schritt

Setzen Sie mehrere so gestaltete Ornamente aneinander, bis sich ein durchgehendes Muster ergibt. Zwischendurch kann auch unverdünntes konzentriertes Weiß verwendet werden.

Ein weiteres Motiv, in gleicher Art und Weise, an den oberen seitlichen Bildrand setzen (siehe fertiges Bild).

### 3. Schritt

Weiße Acrylfarbe auf einen Teller geben und, wenn nötig, etwas mit Wasser verdünnen. Mit dieser Farbe und einem spitzen, dünnen Rundpinsel Verbindungslinien aufmalen. Mit verdünnter weißer Acrylfarbe einige Kleckser auf das Bild spritzen.

**4. Schritt**
Nach dem Trocknen mit PanPastel in Zartgelb und Hellrosa stellenweise die weißen Muster überarbeiten. Ersatzweise kann auch Pastellkreide verwendet werden.

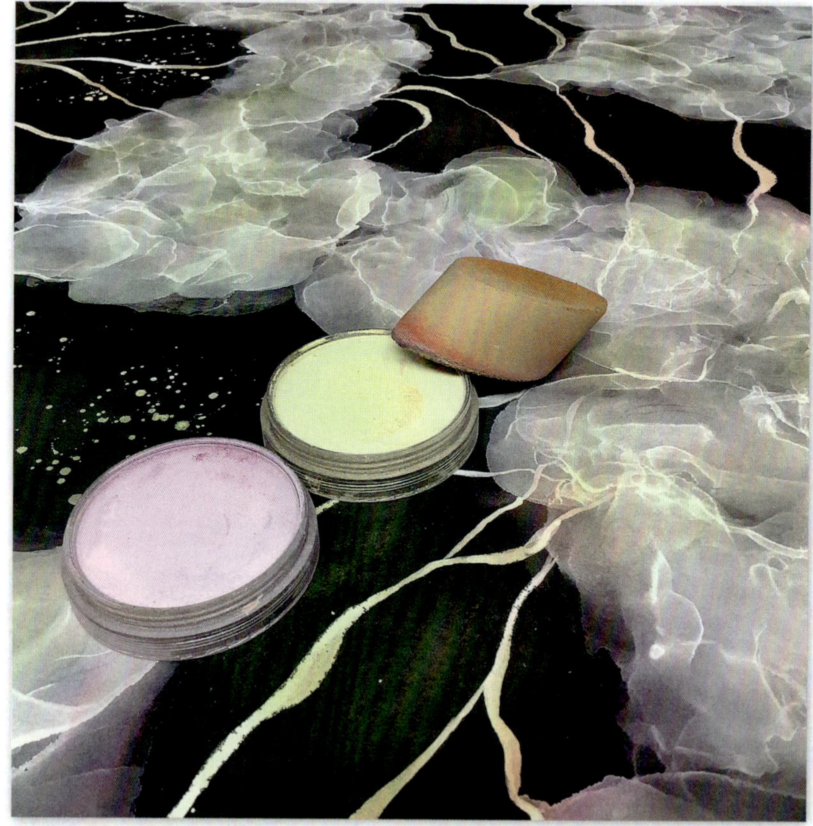

**5. Schritt**
Die vorgemalten Verbindungslinien mit einem spitzen, weichen Rundpinsel mit Silberbronze nachziehen. Wenn nötig, noch einmal einige Spritzer mit Silber und verdünnter Acrylfarbe aufbringen. Nach dem Trocknen dünn mit Acryl-Glanz-Firnis besprühen, damit die Farben UV geschützt sind und die Pigmente der Kreiden fixiert werden.

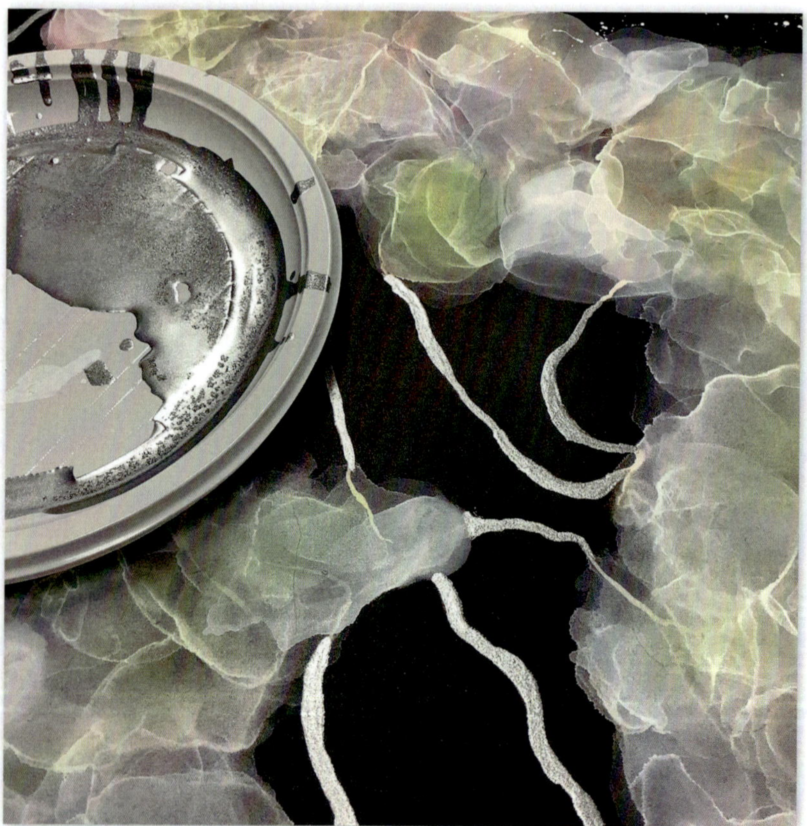

**Tipp:** Auf schwarzem Malgrund ist es empfehlenswert, opake Tinten von Octopus zu verwenden, damit eine gewisse Deckkraft gewährleistet ist.

## Fertiges Bild

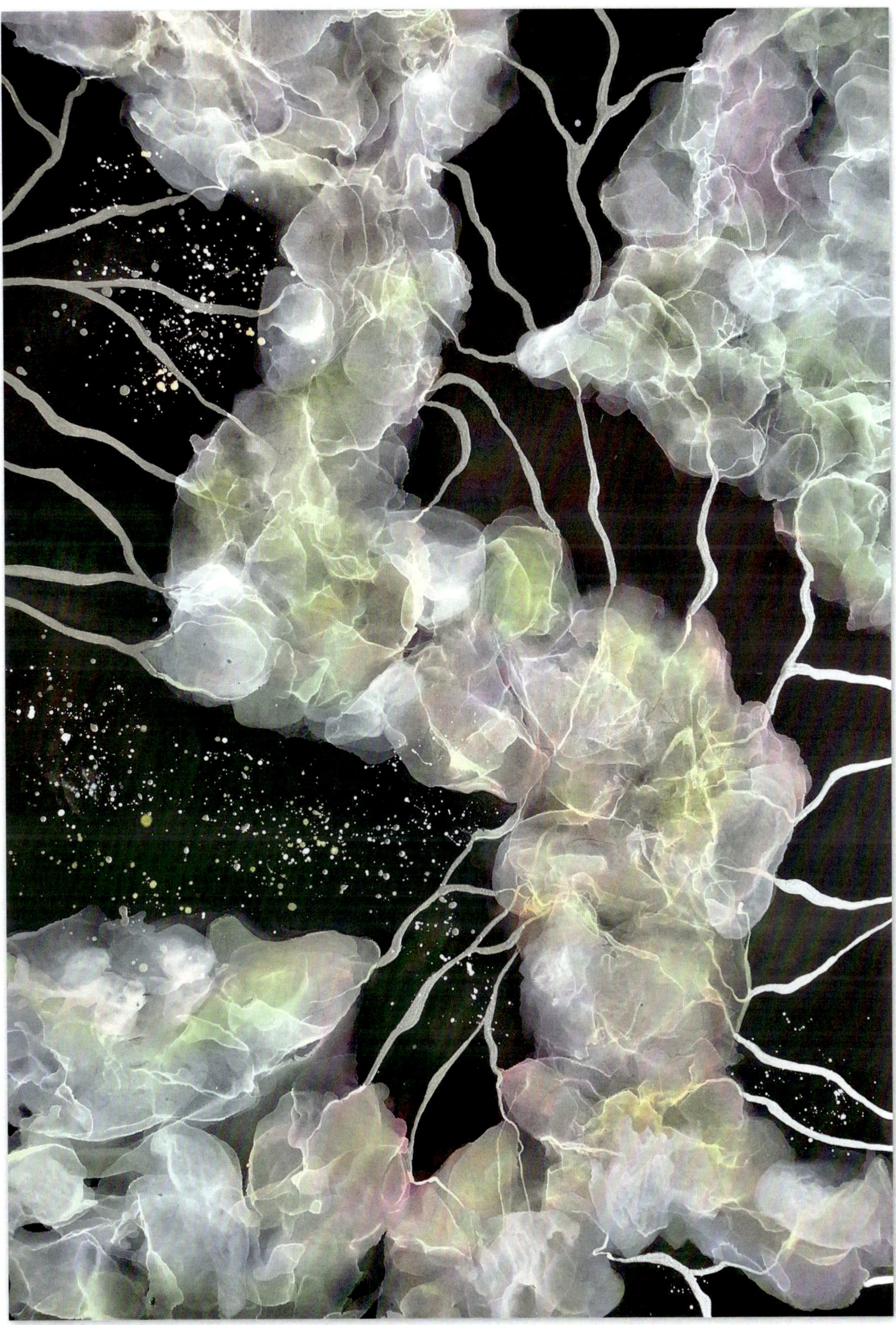

# Achromatic

**Alcohol-Inks:**

- Mantilla Black (Pinata)
- Snowflake (Octopus)

**Weiteres Arbeitsmaterial:**

- 1 Platte Worbla Black, 50 x 75 cm
- Alkohol, 99,9 %
- Nadelfläschchen
- heller Zeichenstift
- Molotow Liquid Chrome Refill Marker
- Chromspray in Silber (z. B. Dupli-Color)
- Karton-Unterlage
- Cutter
- Metall-Lineal
- Blasebalg
- Föhn
- Rundpinsel mit feiner Spitze
- Schablone mit Quadraten
- Acryl-Glanzfirnis mit UV-Schutz, zum Sprühen

**1. Schritt**

Die Worbla-Platte auf einen Karton legen und mithilfe von Cutter und Metall-Lineal auf das Maß 50 x 70 cm zuschneiden. Dieses Format passt in jeden handelsüblichen Wechselrahmen!
Weiße Tinte auftropfen und etwas Liquid Chrome dazugeben. An den Außenrändern Alkohol verteilen und mit einem Föhn in die gewünschte Richtung blasen. Zu harte Außenkanten wieder mit Alkohol versehen, zuerst in das Motiv und anschließend nach außen blasen. Dies an mehreren Stellen wiederholen.

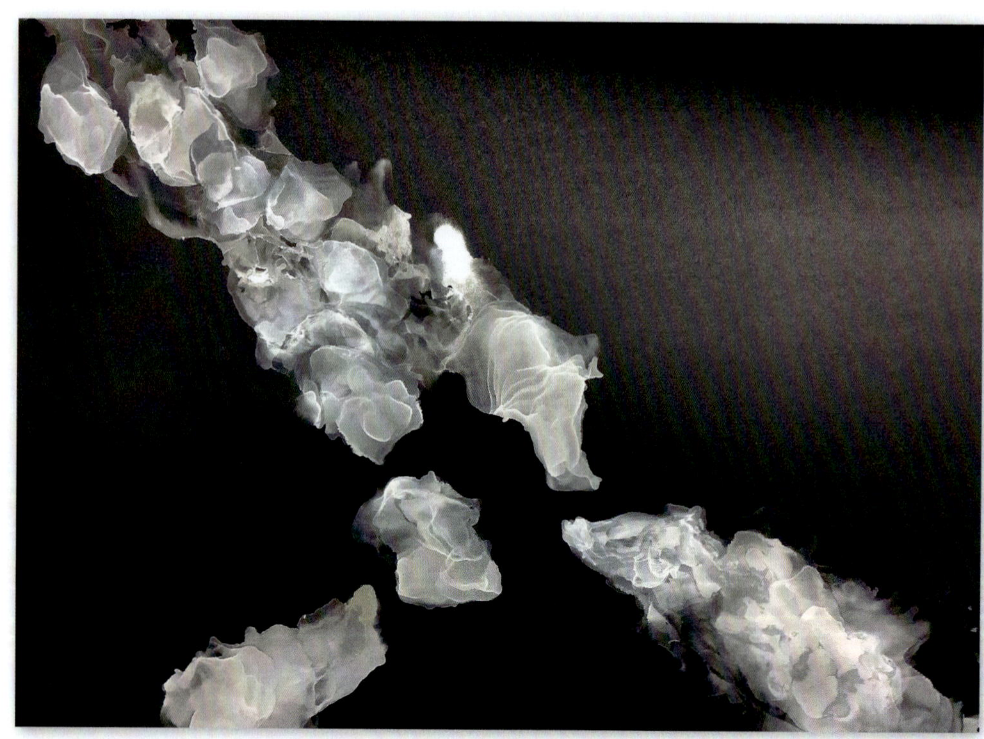

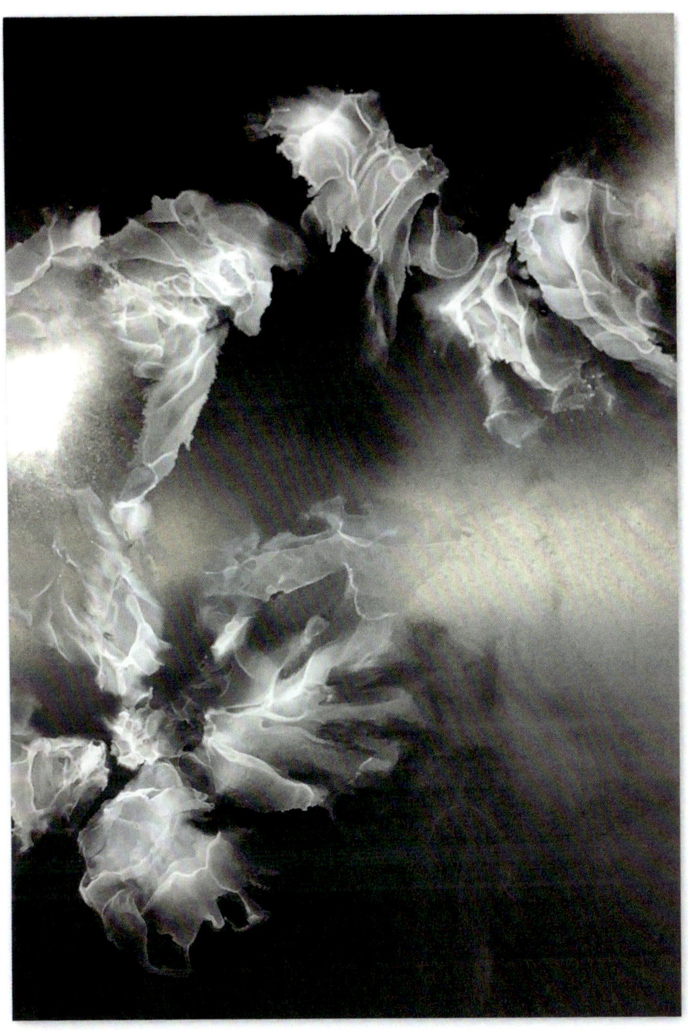

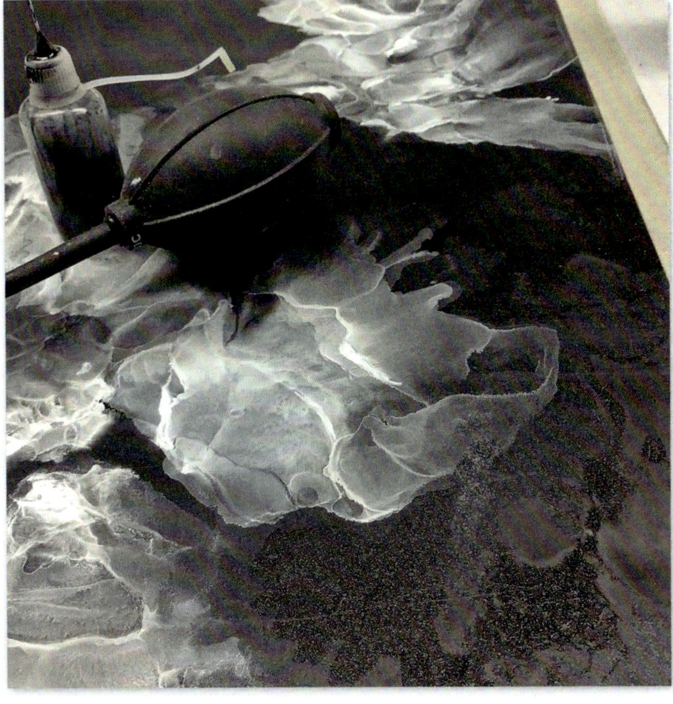

## 2. Schritt

Nach dem Trocknen die Formen an den Rändern wieder anlösen und verblasen. Dabei sollen „schleierförmige" Gebilde entstehen. Wenn nötig, nochmals weiße Tinte hinzufügen. Mit Chromspray in Silber einige sparsame Akzente setzen.

## 3. Schritt

Noch einige weitere weiße Muster hinzufügen. Dann abwechselnd Mantilla Black und Alkohol auf die schwarz verbliebene Fläche des Malgrundes geben und mit dem Blasebalg verteilen. Dabei in Etappen arbeiten und nicht zu nah an die weißen Motive gehen, damit sich diese nicht anlösen.

### 4. Schritt

An beliebigen Stellen die Schablone auflegen und einige Quadrat-Konturen mit einem hellen Zeichenstift aufzeichnen. Liquid Chrome gut schütteln und auf einen Teller geben. Mit einem feinen, spitzen Pinsel die Formen ausmalen. Ebenfalls mit Liquid Chrome einige kleine Pünktchen auf das Bild spritzen. Nach dem Trocknen das Bild sehr dünn mit Acrylfirnis mit UV-Schutz besprühen.

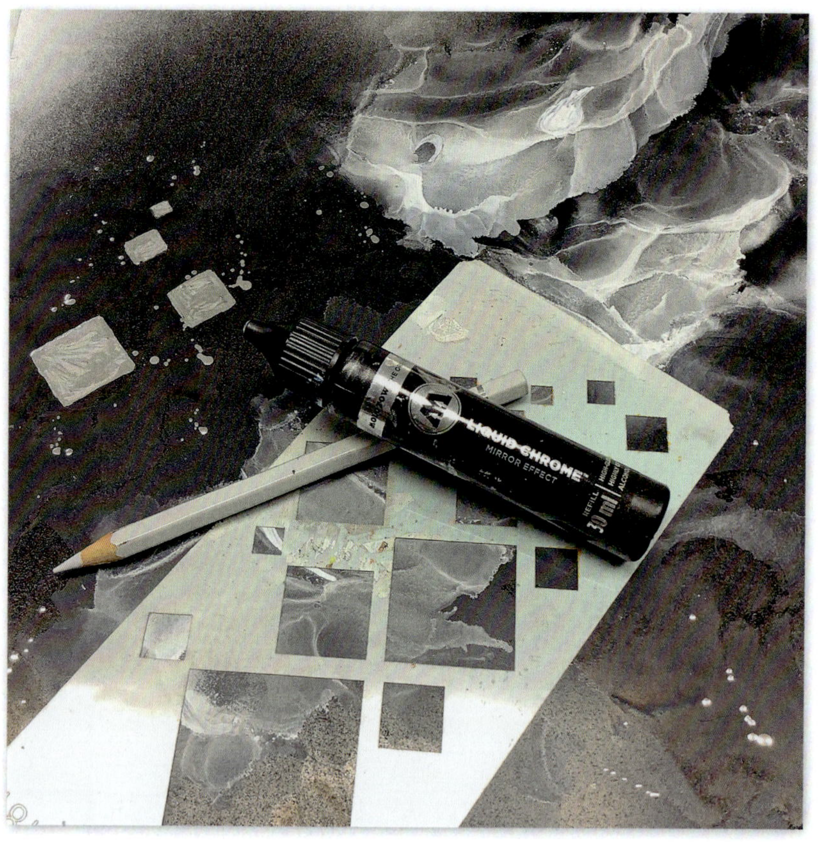


**Tipp:** Bei Liquid Chrome handelt es sich um eine alkoholbasierte Metallicfarbe mit „Mirror-Effekt". Sie eignet sich hervorragend für Spezialeffekte in Verbindung mit Alcohol-Inks.

## Fertiges Bild

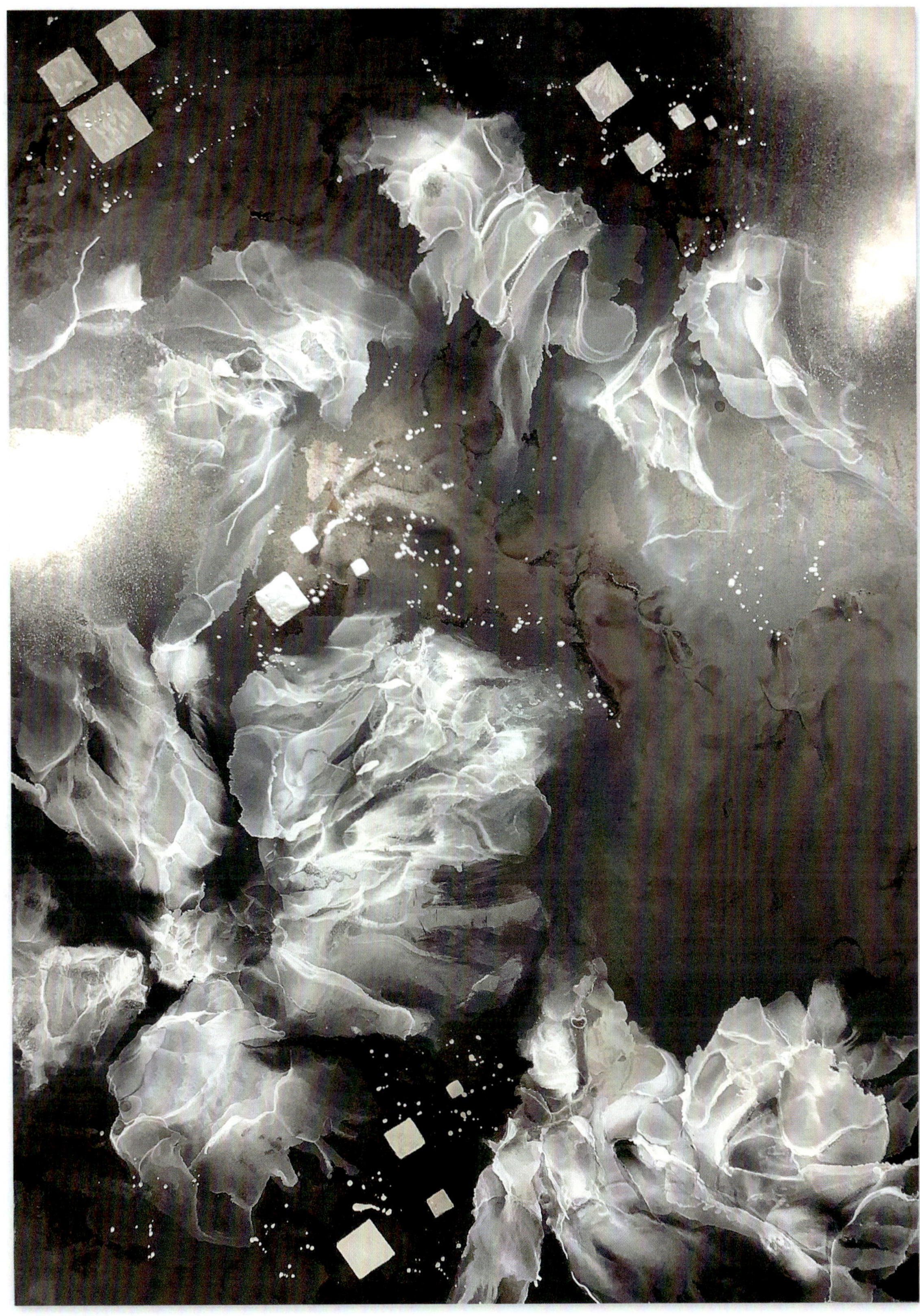

# Connections

**Alcohol-Inks:**
- Mantilla Black (Pinata)
- Shadow Grey (Pinata)
- Burro Brown (Pinata)
- Gold Rush (Octopus)

**Weiteres Arbeitsmaterial:**
- 1 Platte Worbla Pearly, 50 x 75 cm
- Alkohol, 99,9 %
- Nadelfläschchen
- Karton-Unterlage
- Cutter
- Metall-Lineal
- Strohhalm oder Föhn
- Klebeband
- Chromspray in Gold (z. B. Dupli-Color)
- schwarzer Glitter (z. B. Hemway)
- Synthetik Rundpinsel
- Wattestäbchen
- Acryl-Glanzfirnis mit UV-Schutz, zum Sprühen

**1. Schritt**

Die Worbla-Platte auf einen Karton legen und mithilfe von Cutter und Metall-Lineal auf das Maß 50 x 70 cm zuschneiden. Dieses Format passt in jeden handelsüblichen Wechselrahmen!

In der rechten unteren Ecke Tinte in Schwarz, Braun und Grau auftropfen. Sparsam Gold dazugeben. Die äußere Kontur mit Alkohol anlösen und sofort in die Bildecke verblasen. In der Bildmitte ebenso ein größeres Motiv gestalten. Nach dem Trocknen ein Wattestäbchen mit Alkohol anfeuchten und einige kleine Stellen auswaschen.

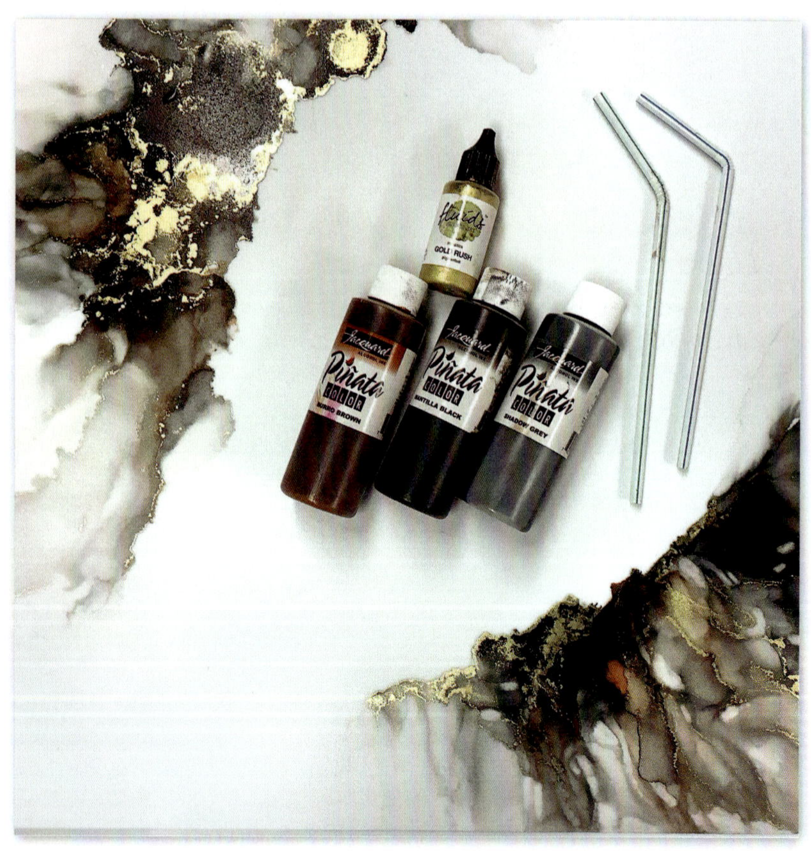

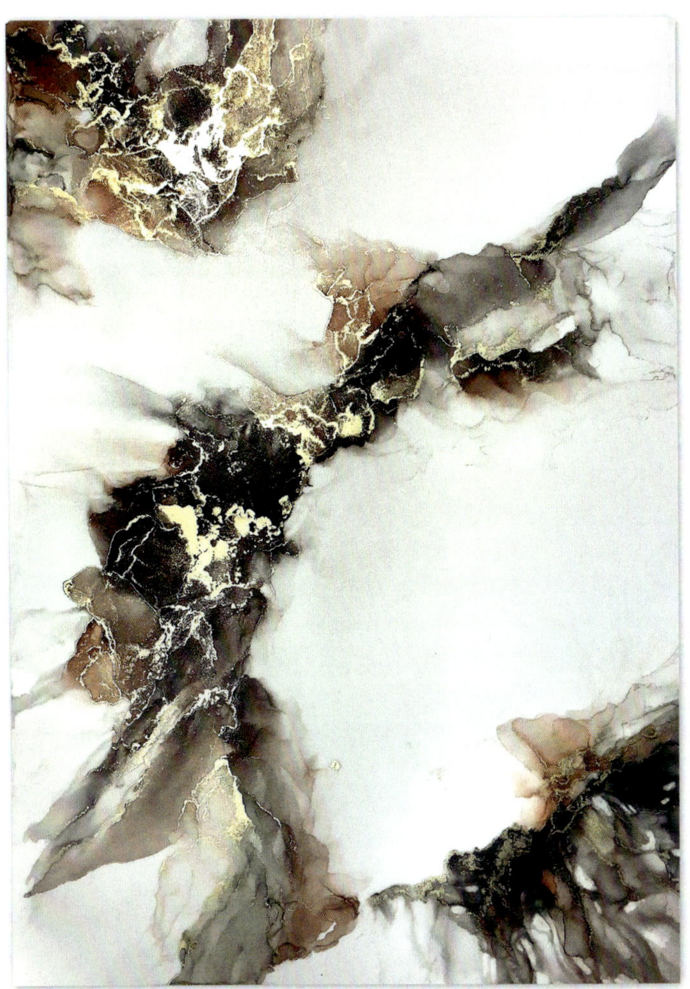

**2. Schritt**

In der linken oberen Ecke ein weiteres Muster platzieren. Alle Außenkonturen noch einmal mit Alkohol anlösen und verblasen, sodass sich feine Linien und helle Farben ergeben. Dabei immer nur in kurzen Etappen arbeiten.

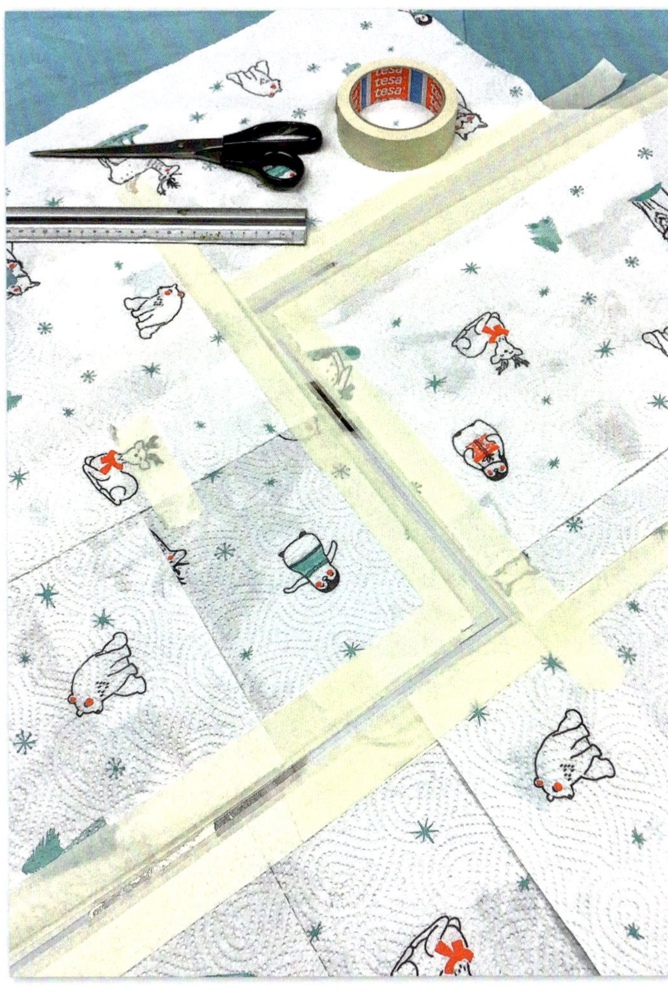


**3. Schritt**

Mit Klebeband an gewünschten Stellen Streifen abkleben. Die restliche Bildfläche sorgfältig mit Papier oder Küchenkrepp abdecken (siehe Tipp) und dieses fixieren. Die ausgesparten Streifen sparsam mit Goldspray besprühen. Dabei die Muster, die die Linien kreuzen, aussparen.

### 4. Schritt

Klebeband und Papier entfernen. An einigen Stellen Sprühfirnis aufsprühen. Mit einem Rundpinsel schwarzen Flitter aufnehmen und auf die noch feuchte Fläche stäuben.
Nach dem Trocknen das ganze Bild noch einmal mit Firnis mit UV-Schutz besprühen. Das Bild erhält dadurch eine einheitliche Oberfläche, der Glitter ist fixiert und die Tinten werden vor dem Ausbleichen geschützt.

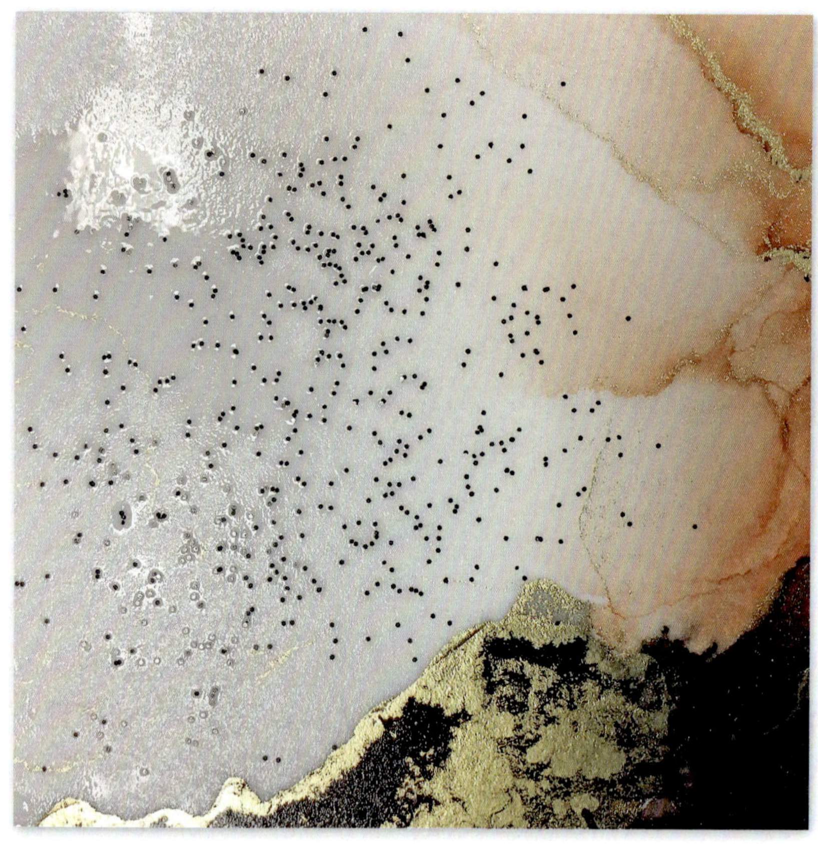

**Tipp:** Farbspray- und Metallic-Sprays sprühen sehr viel weiter als man vermutet! Da sich die Aerosole großflächig verteilen, ist es elementar wichtig, vor dem Sprühen die restliche Bildfläche sehr gründlich abzudecken, um sie so vor unerwünschten Farbspuren zu schützen.

### Fertiges Bild

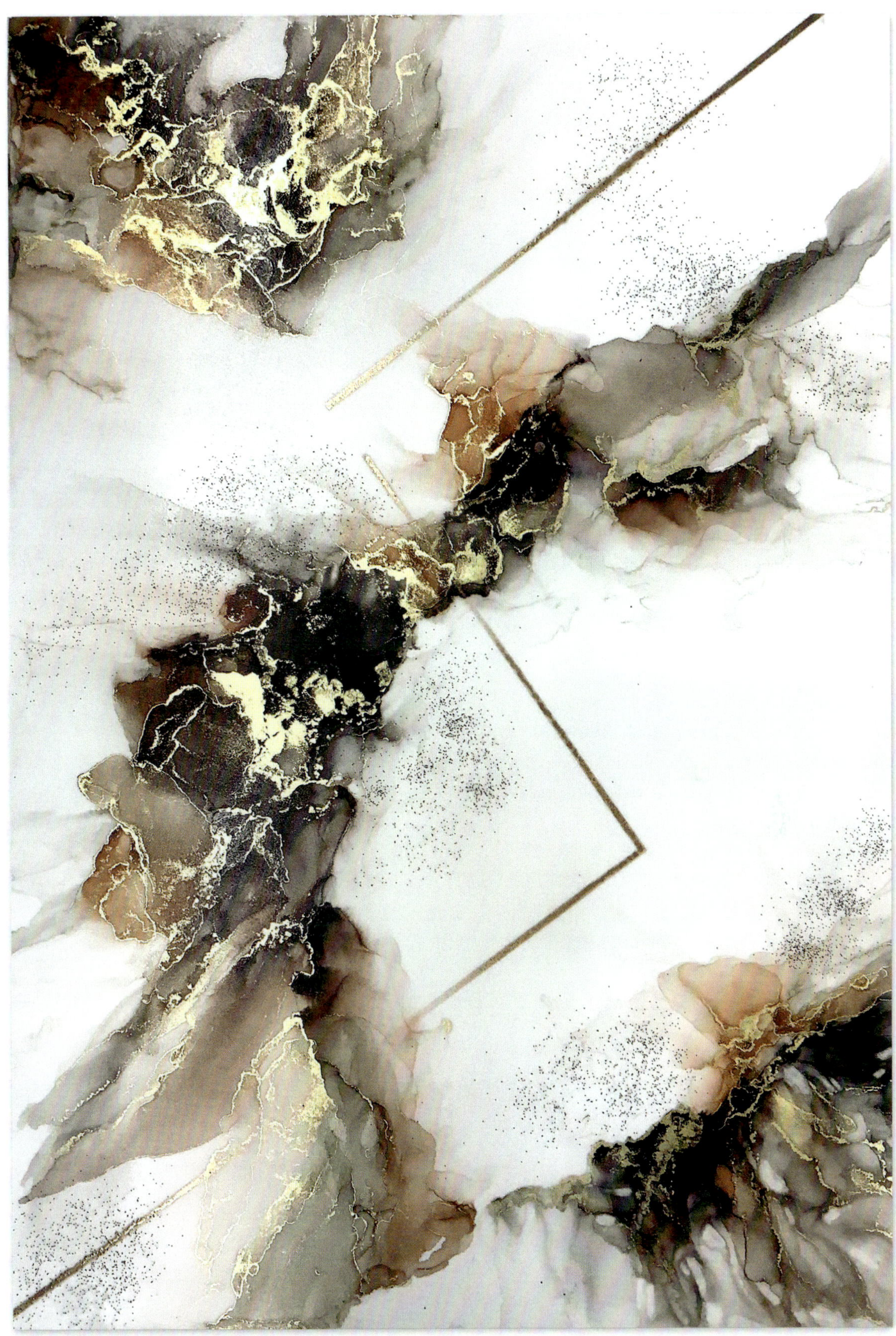

# Voyage

**Alcohol-Inks:**
- Mantilla Black (Pinata)
- Havanna Brown (Pinata)
- Santa Fe Red (Pinata)
- Carrot (Octopus)
- Snowflake (Octopus)
- Gold Rush (Octupus)

**Weiteres Arbeitsmaterial:**
- 1 Platte Worbla Pearly, 50 x 75 cm
- Karton-Unterlage
- Cutter
- Metall-Lineal
- Alkohol, 99,9 %
- Nadelfläschchen
- Strohhalm und Blasebalg
- dünner Rundpinsel mit ganz feiner Spitze
- Chromspray in Gold (z. B. von Dupli-Color)
- Klebeband
- flüssige Goldbronze
- Acryl-Glanzfirnis mit UV-Schutz, zum Sprühen

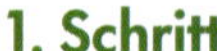

### 1. Schritt

Die Worbla-Platte auf einen Karton legen und mithilfe von Cutter und Metall-Lineal auf das Maß 50 x 70 cm zuschneiden. Dieses Format passt in jeden handelsüblichen Wechselrahmen!

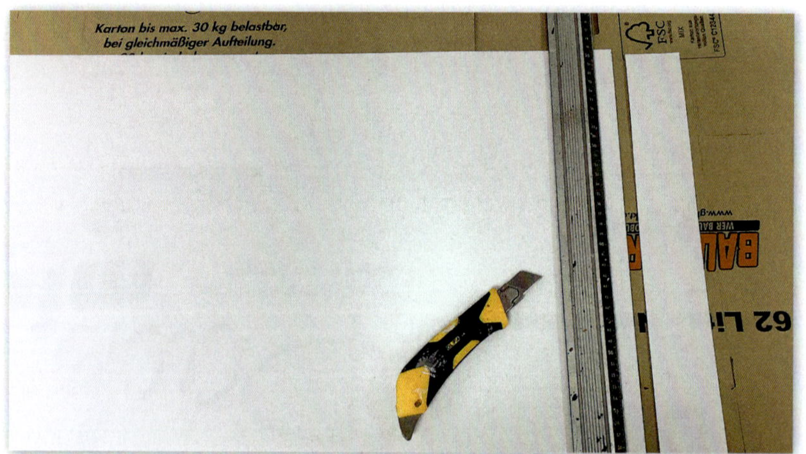


### 2. Schritt

Ziemlich mittig einige Tropfen Tinte in Braun, Schwarz, Rot und Gold aufträufeln. Am Rand etwas Alkohol auftragen und mit einem Strohhalm in die gewünschte Richtung blasen.

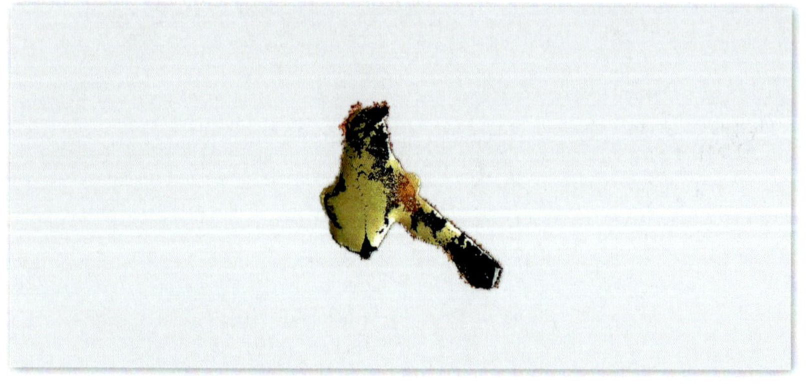

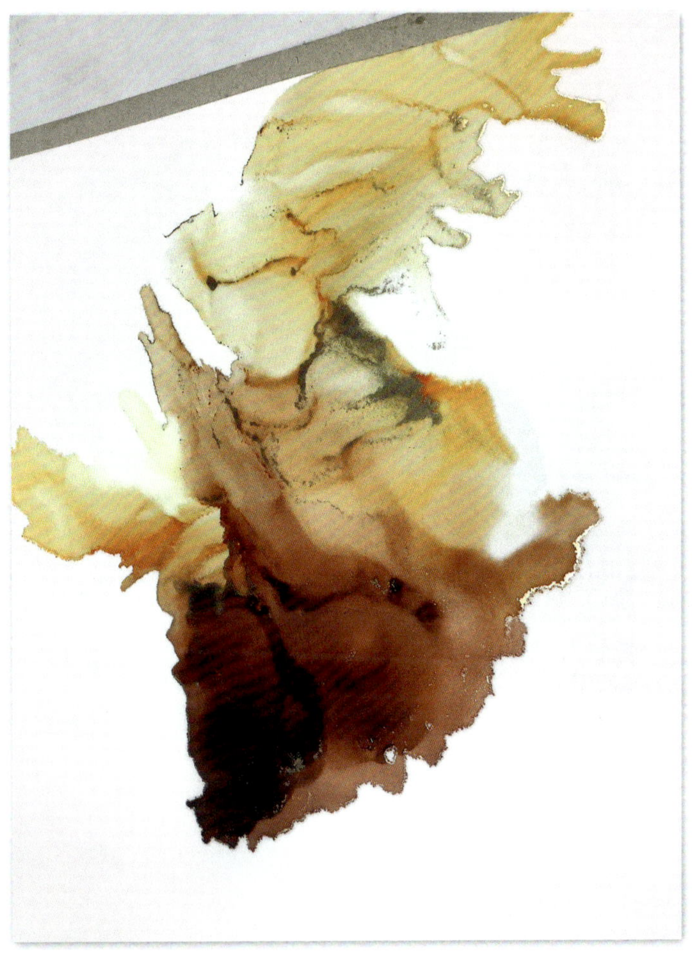

### 3. Schritt

Im Anschluss Tinte in Orange und Gold auftropfen, Alkohol dazugeben und wieder verblasen, sodass ein zarter Gelbton entsteht.

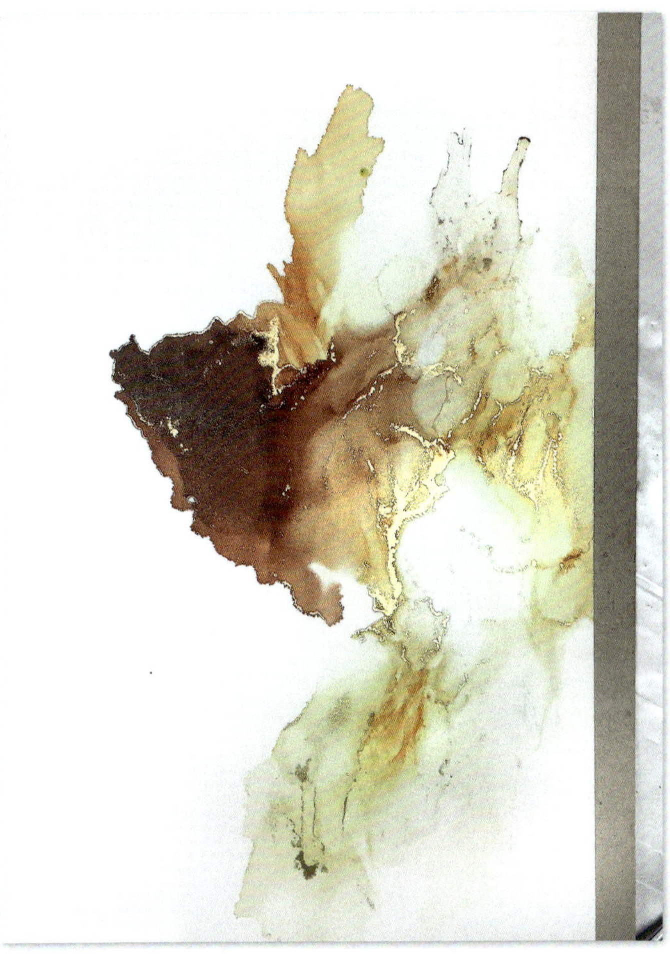

### 4. Schritt

Tinte in Rot und Gold auftropfen, mit Alkohol versetzen und verblasen – dabei sparsam mit der Farbe umgehen und etwas mehr Alkohol verwenden.

**Tipp:** Durch die Verwendung verschiedener Farben ergeben sich an den Schnittstellen wunderbare Mischtöne.

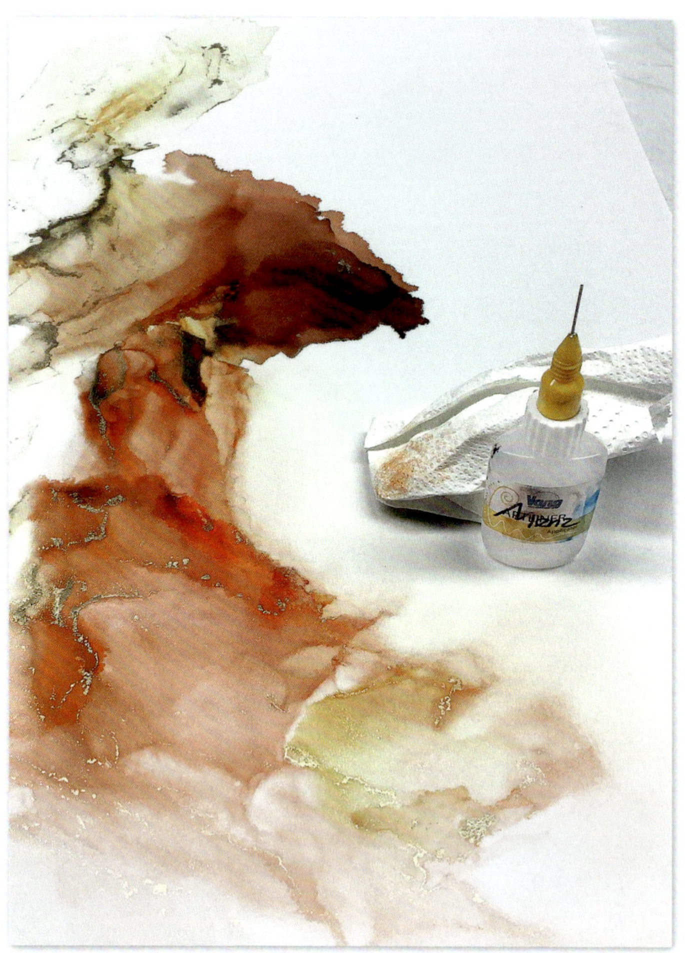

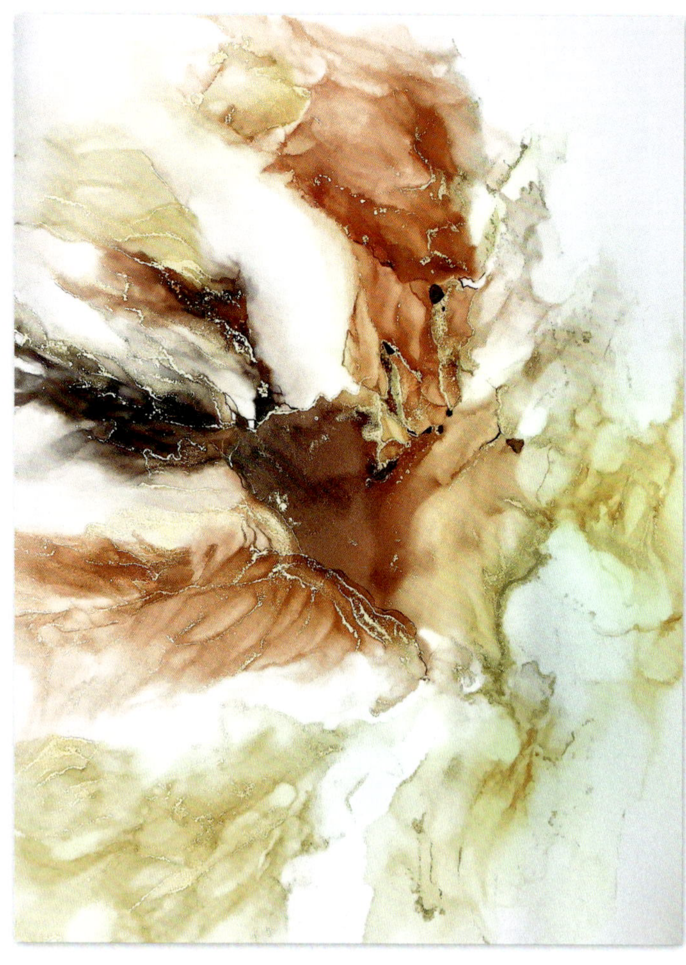

### 5. Schritt

Unerwünschte Ränder und Nasen können mit Küchenkrepp wieder entfernt werden. Hierfür den Alkohol auf den Küchenkrepp träufeln und an den Farbkanten zarte Übergänge durch leichtes Reiben erzeugen. Dies klappt erfolgreich jedoch nur auf Worbla-Malgrund.

### 6. Schritt

Mit den restlichen Partien genauso verfahren. Etwas Tinte in Braun auf einen Teller geben und mit einem feinen Rundpinsel einige kleine Akzente setzen. Tinte in Weiß auf die verbleibende Fläche geben, mit Alkohol versetzen und mit dem Blasebalg verteilen. Dabei in Etappen arbeiten und nicht zu nah an die farbigen Konturen gehen.

### 7. Schritt

An der rechten Seite mit Klebeband Linien abkleben. Die restliche Bildfläche sorgfältig abdecken und mit Goldspray die ausgesparten Linien dünn besprühen. Mit flüssiger Goldbronze und einem kleinen Rundpinsel einige kleine Spritzer auf das Bild klecksen.
Nach dem Trocknen das Bild sehr dünn mit Glanzfirnis mit UV-Schutz besprühen.

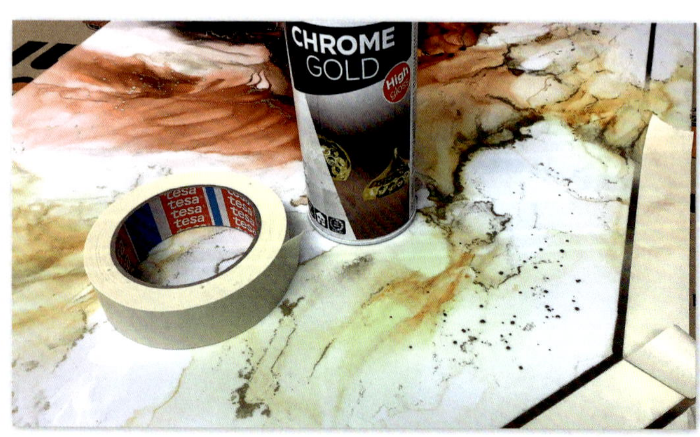

## Fertiges Bild

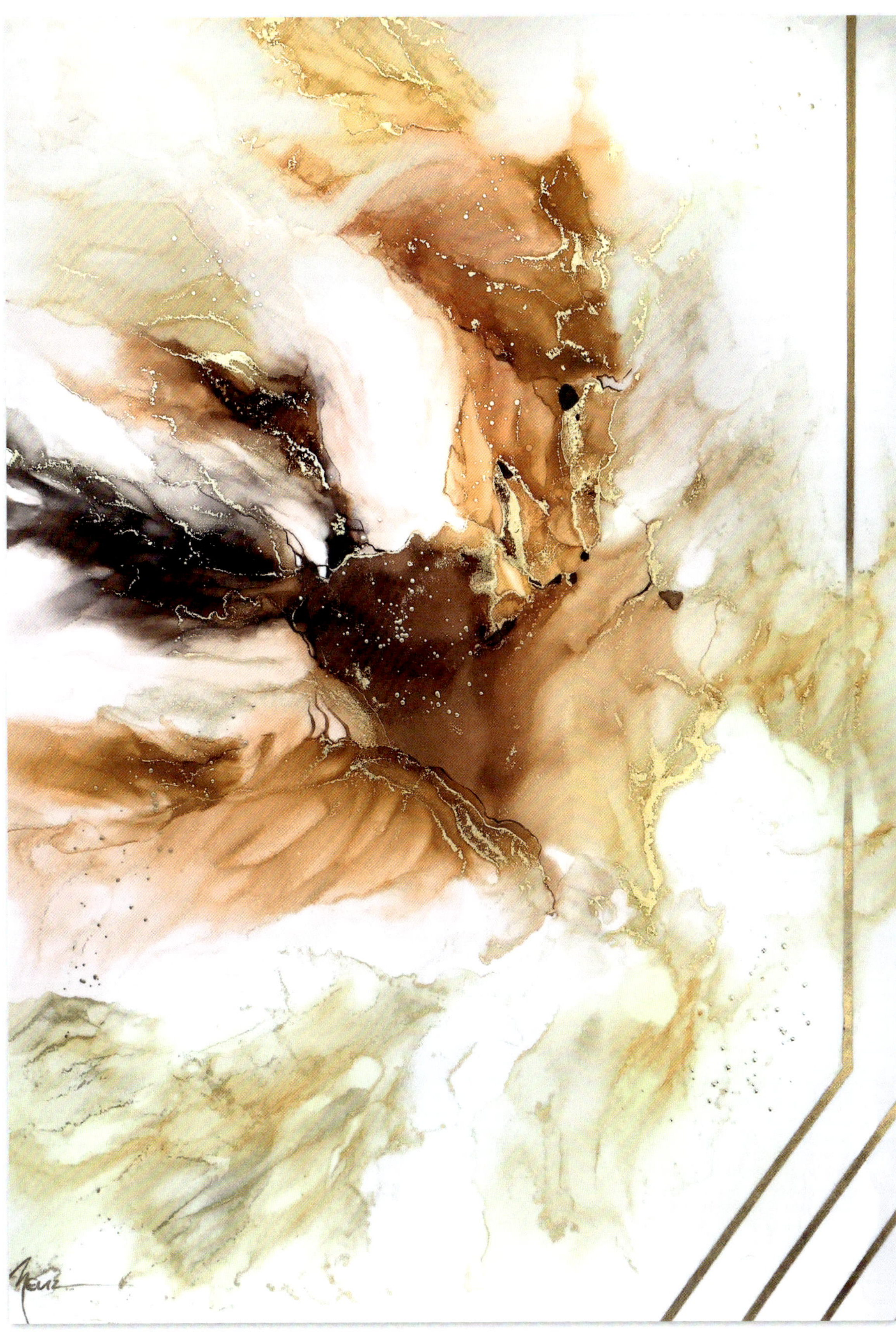

# High Altitude

**Alcohol-Inks:**

- Havana Brown (Pinata)
- Snowflake (Octopus)
- Rich Gold (Pinata)
- Shadow (Octopus)
- Opak Caribic (Octopus)

**Weiteres Arbeitsmaterial:**

- 1 Platte Worbla Pearly, 100 x 75 cm
- Karton-Unterlage
- Cutter
- Metall-Lineal
- Alkohol, 99,9 %
- Nadelfläschchen
- Föhn
- flüssige Goldbronze
- dünner, spitzer Rundpinsel
- Netz oder Schablone
- Farbspray in Weiß
- Acryl-Glanzfirnis mit UV-Schutz, zum Sprühen

**1. Schritt**

Die Worbla-Platte auf einen Karton legen und mithilfe von Cutter und Metall-Lineal auf das Maß 70 x 70 cm zuschneiden. Alkohol in ein Nadelfläschchen füllen und einige Tropfen Gold dazugeben. Weiß ebenfalls in einem Nadelfläschchen mit Alkohol verdünnen. In ein weiteres Fläschchen etwas Türkis geben, mit Grau ein wenig abtönen und mit Alkohol verdünnen. Das verdünnte Gold in der rechten unteren Ecke großzügig aufgießen. Tinte in Braun und Grau auftropfen und sofort mit dem Föhn verblasen. Das Auftragen der Tinten stetig wiederholen, sodass sich ein diagonales Muster ergibt.

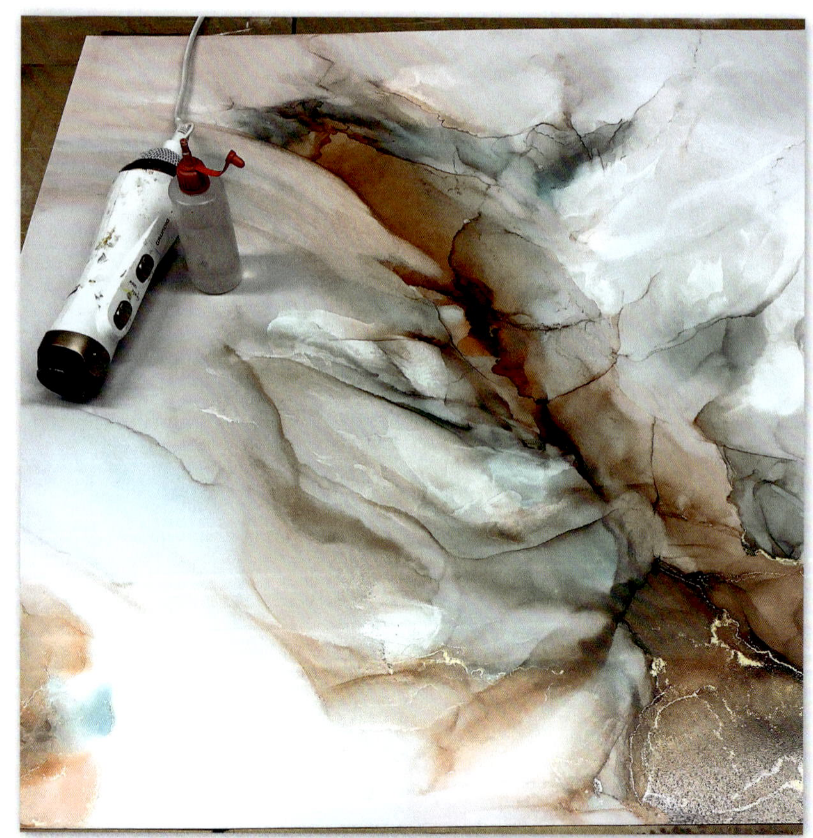

### 2. Schritt

Die Zwischenräume mit dem verdünnten Weiß bearbeiten. Dabei nicht zu nahe an die farbigen Felder malen, da es sonst zu neuen Rändern und Farbverschiebungen kommt. Küchenkrepp mit Alkohol anfeuchten und unerwünschte Farbränder wieder entfernen. Wer möchte, kann mit einer Schere oder einem Spieß noch einige Linien in die Oberfläche ritzen.

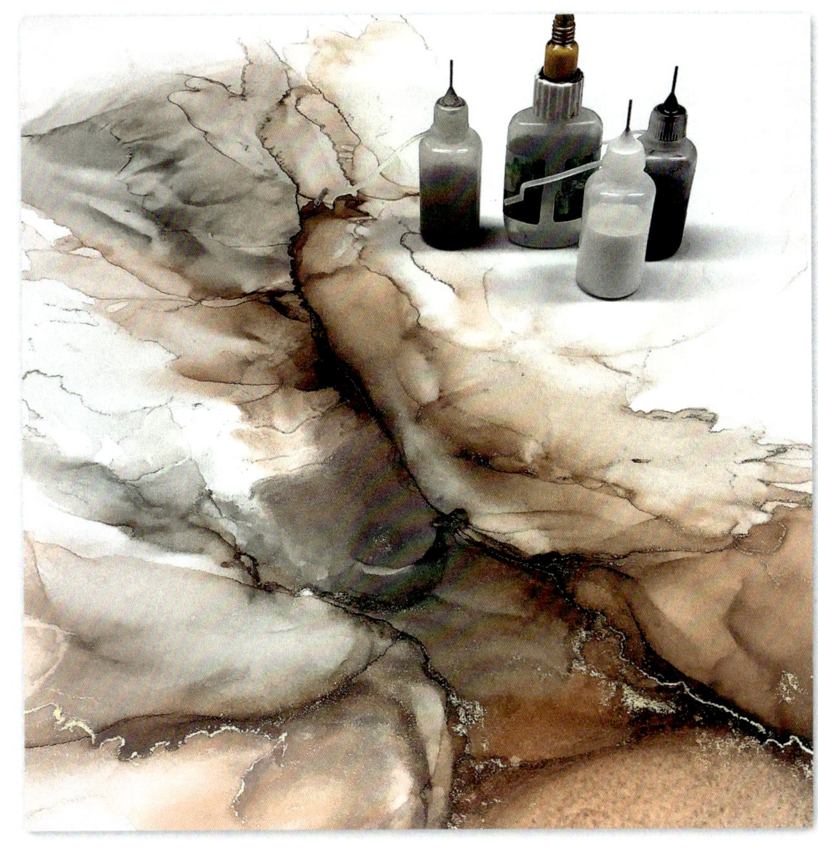

### 3. Schritt

Nach dem Trocknen können mit flüssiger Goldbronze noch einige kleine Felder bemalt und Linien verlängert werden.

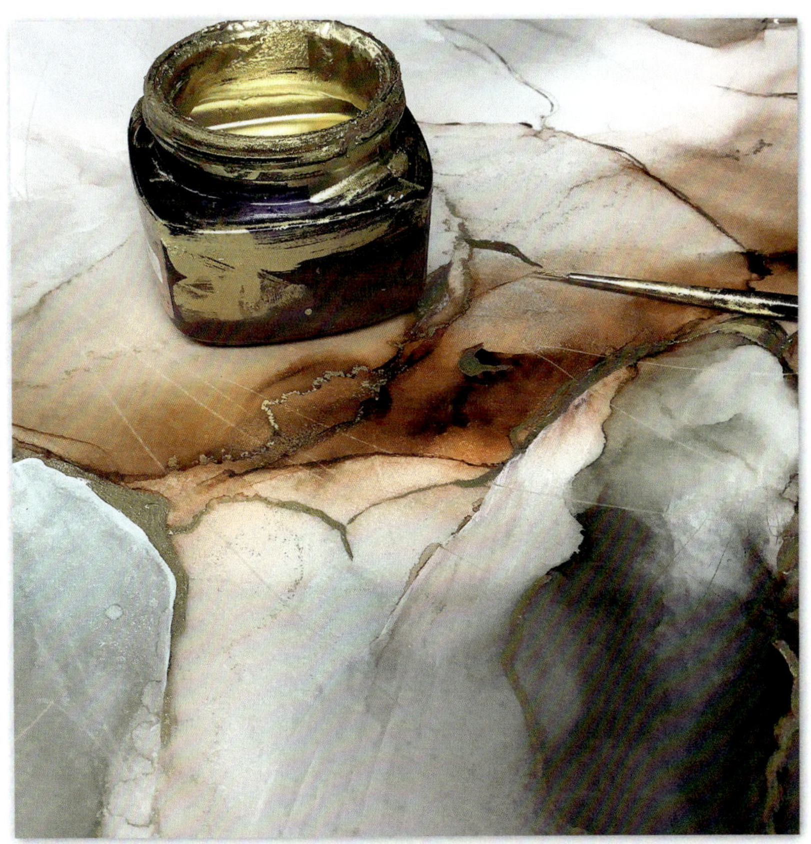

**4. Schritt**

Netz oder Schablone an verschiedenen Stellen auflegen und die Aussparungen mit weißem Farbspray besprühen.

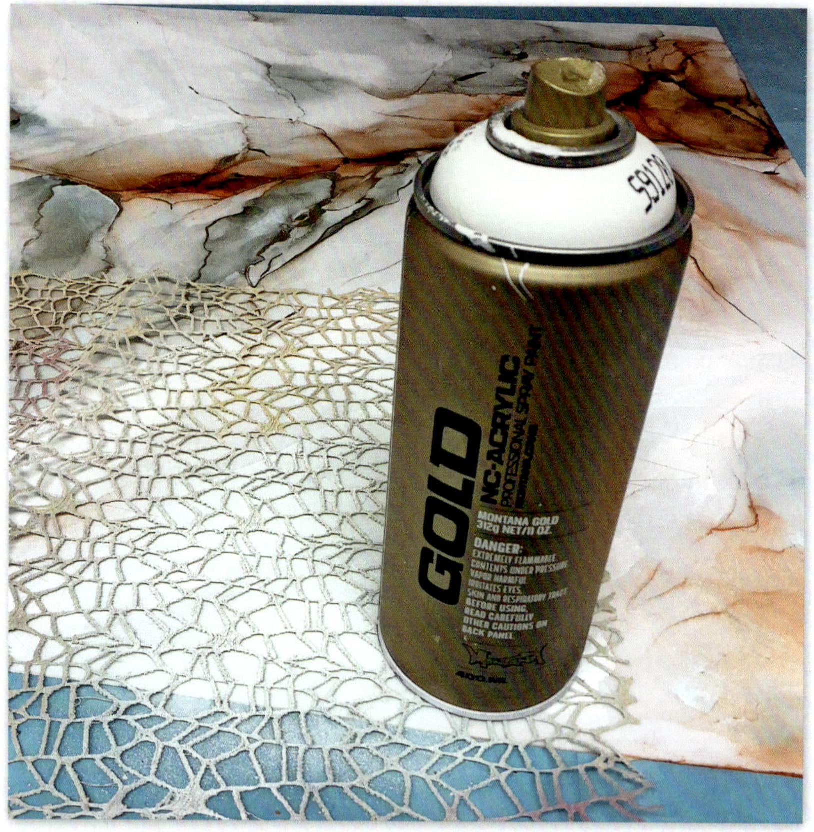


**5. Schritt**

Mit einem kleinen Rundpinsel flüssige Goldbronze aufnehmen und damit einige kleine Spritzer aufbringen. Nach dem Trocknen das ganze Bild mit glänzendem Acryl-Firnis besprühen.

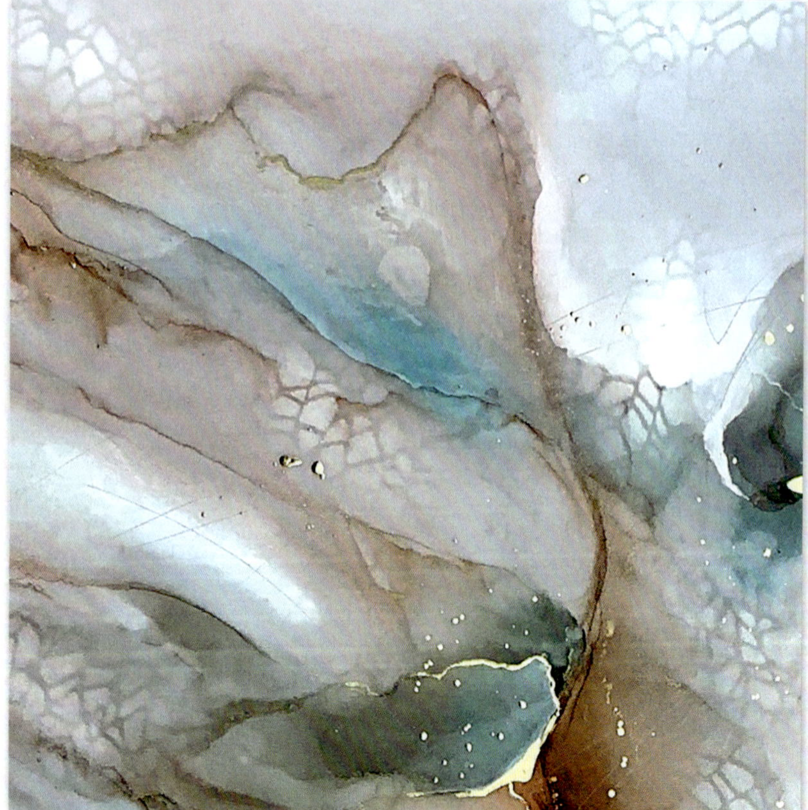

**Tipp:** Es muss nicht immer die ganze Malfläche farbig gestaltet werden. Größere helle Flächen sorgen für Leichtigkeit und lassen Raum für spannende Akzente.

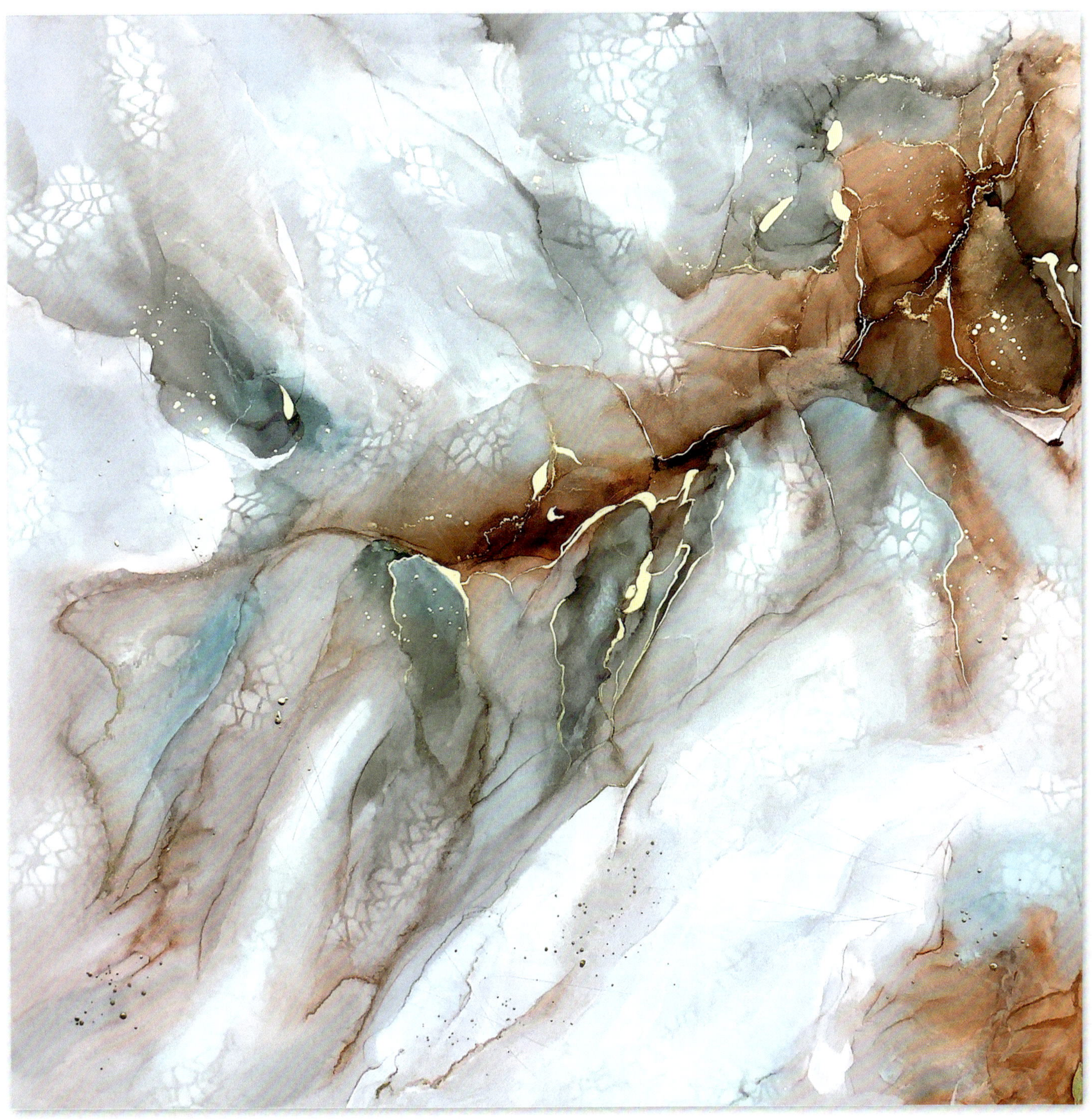

Fertiges Bild

# Galerie

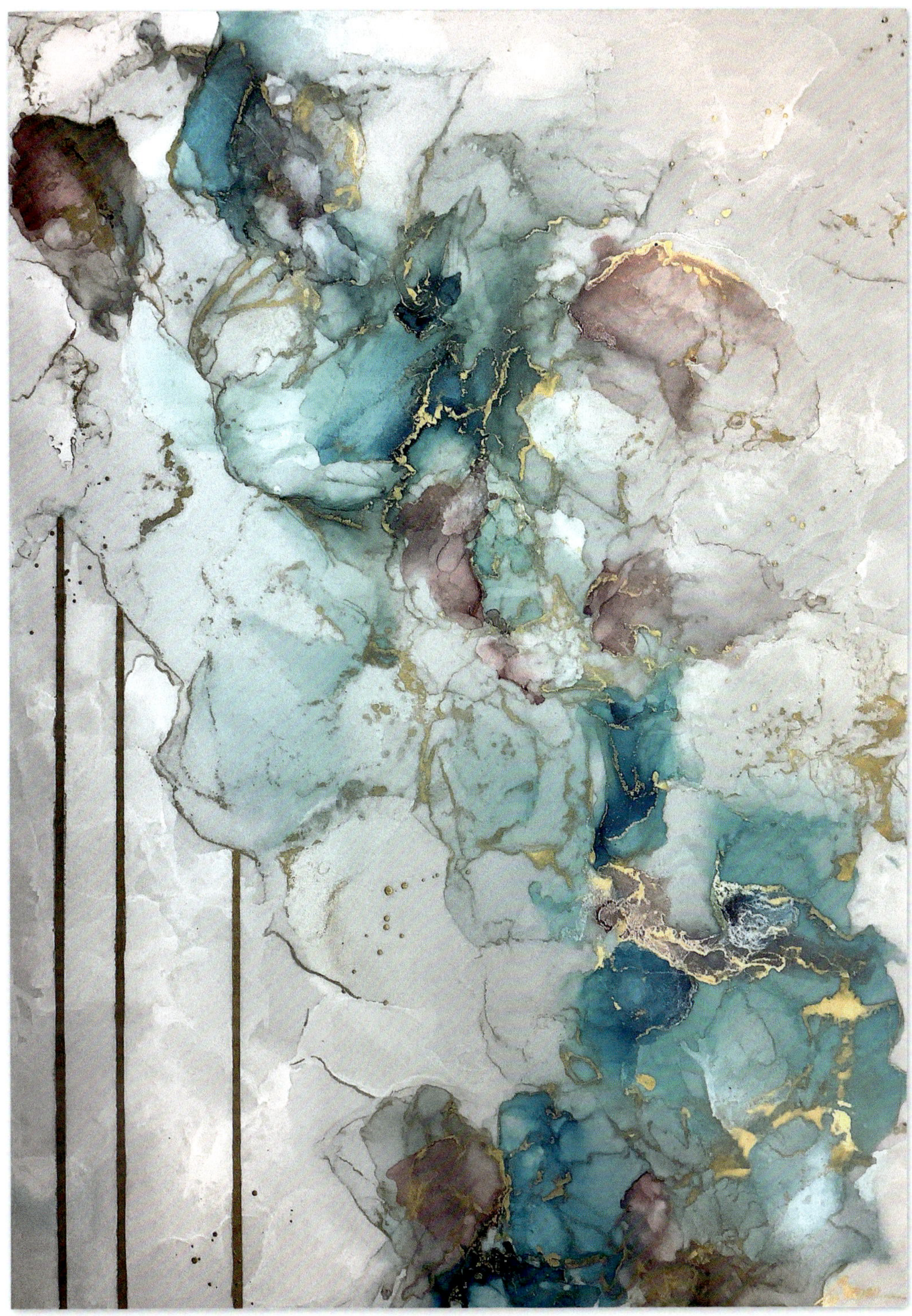

**Organic**

Dieses Bild zeigt, dass mit Alkohol-Tinten auch pastellfarbene und aquarelliere Farbtöne erzielt werden können. Die Inks werden hierfür mit viel Weiß und viel Alkohol verarbeitet. Die aufgesprayten Goldlinien verleihen den organischen Formen etwas Konkretes.

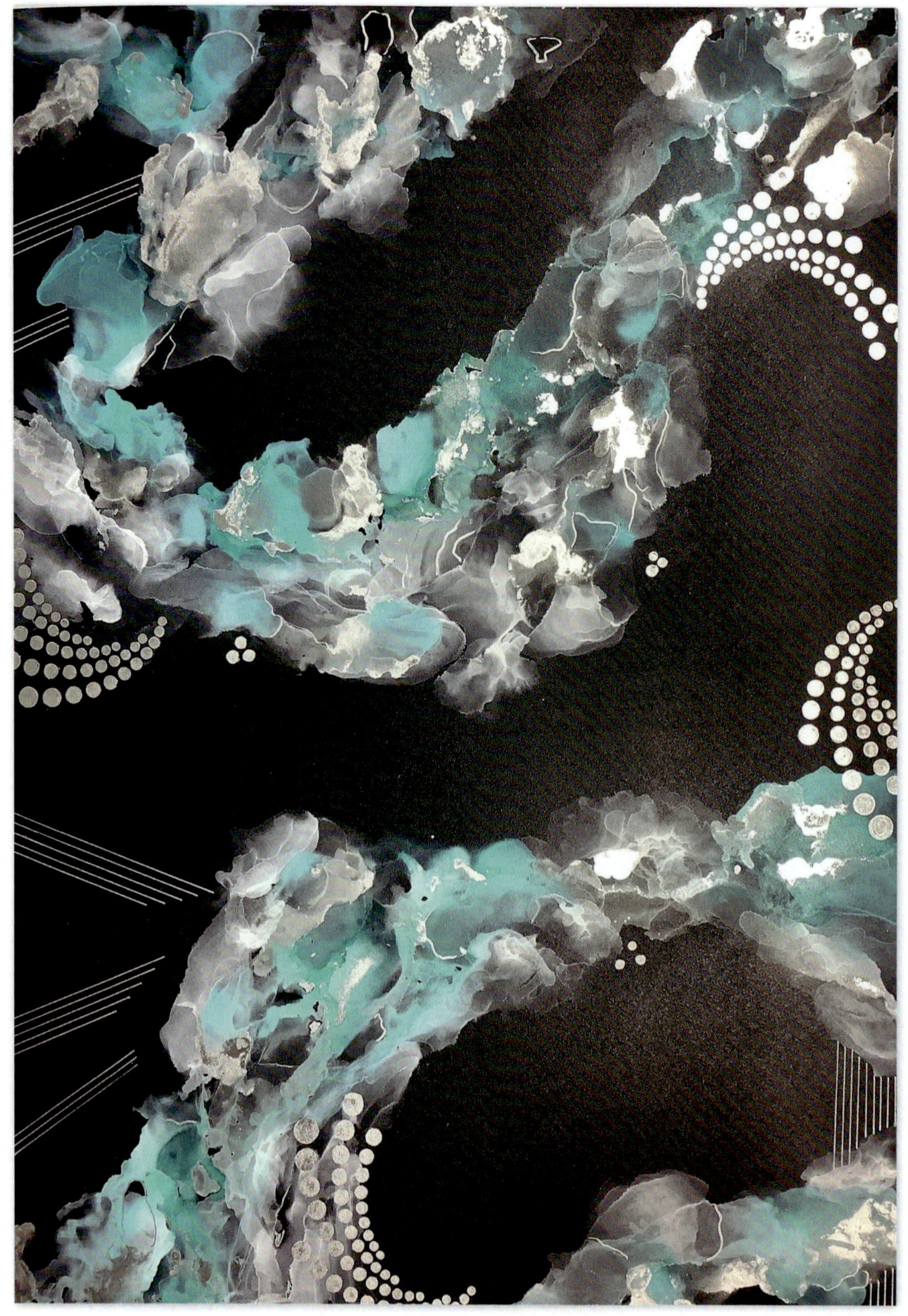

### Turquoise

Leuchtendes Türkis und Weiß auf schwarzem Malgrund! Eine ungewöhnliche, aber sehr reizvolle Farbkombinationen. Die türkisfarbenen Ornamente wurden einzeln angelegt und mit weißer Tinte verbunden. Die Akzente in Silber wurden mit einem hochglänzenden Chrom-Marker aufgezeichnet.

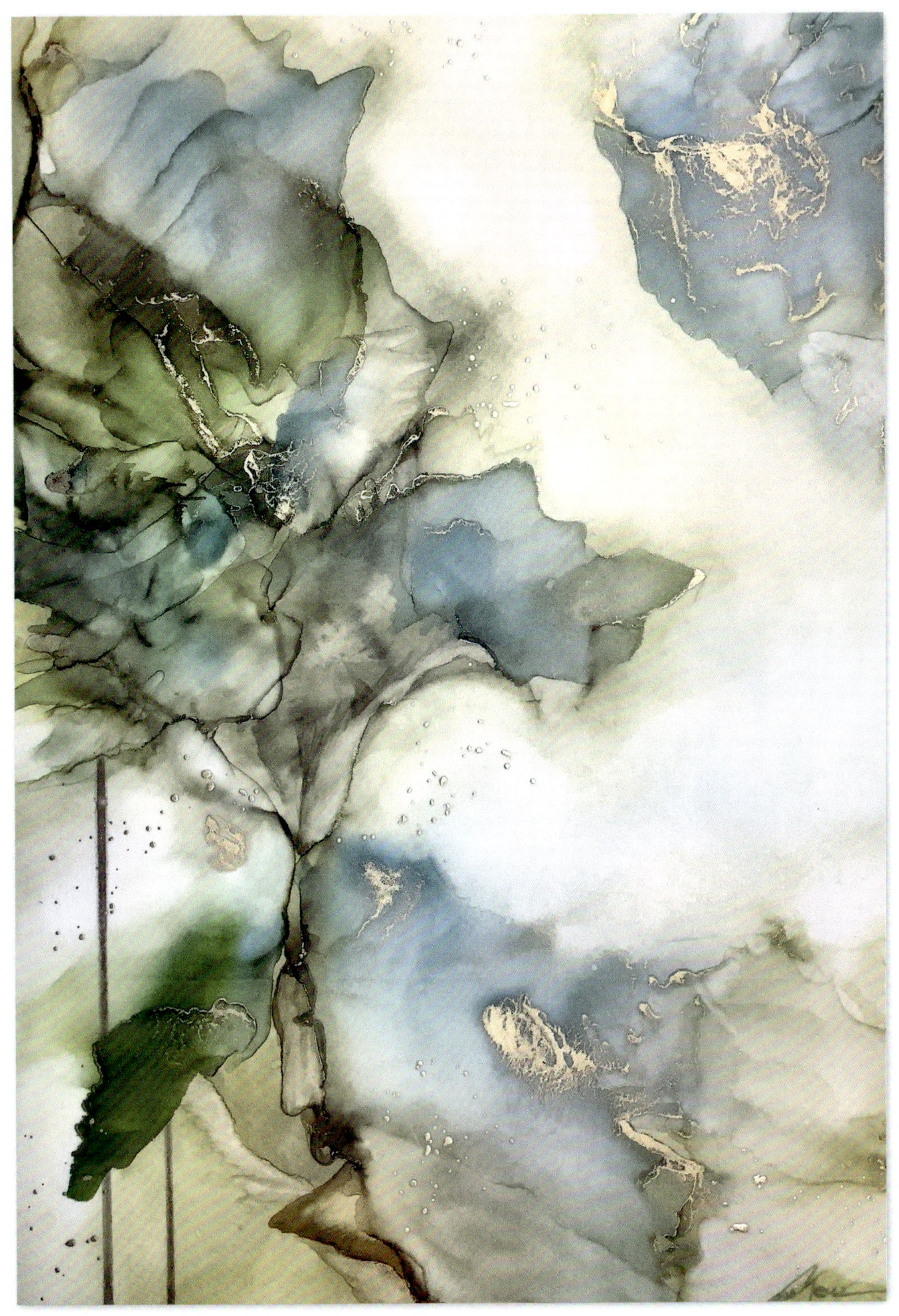

**Imagination**

Dezente, gedeckte Farben passen in fast jedes Ambiente! Die farbigen Alkohol-Inks konzentrieren sich auf bestimmte Stellen im Bild, während der mittlere Teil sehr hell bleibt und so einen klaren Kontrast bildet. Das eingesetzte Gold, sowohl im Motiv als auch in Form von Linien und Spritzern, setzt Akzente.

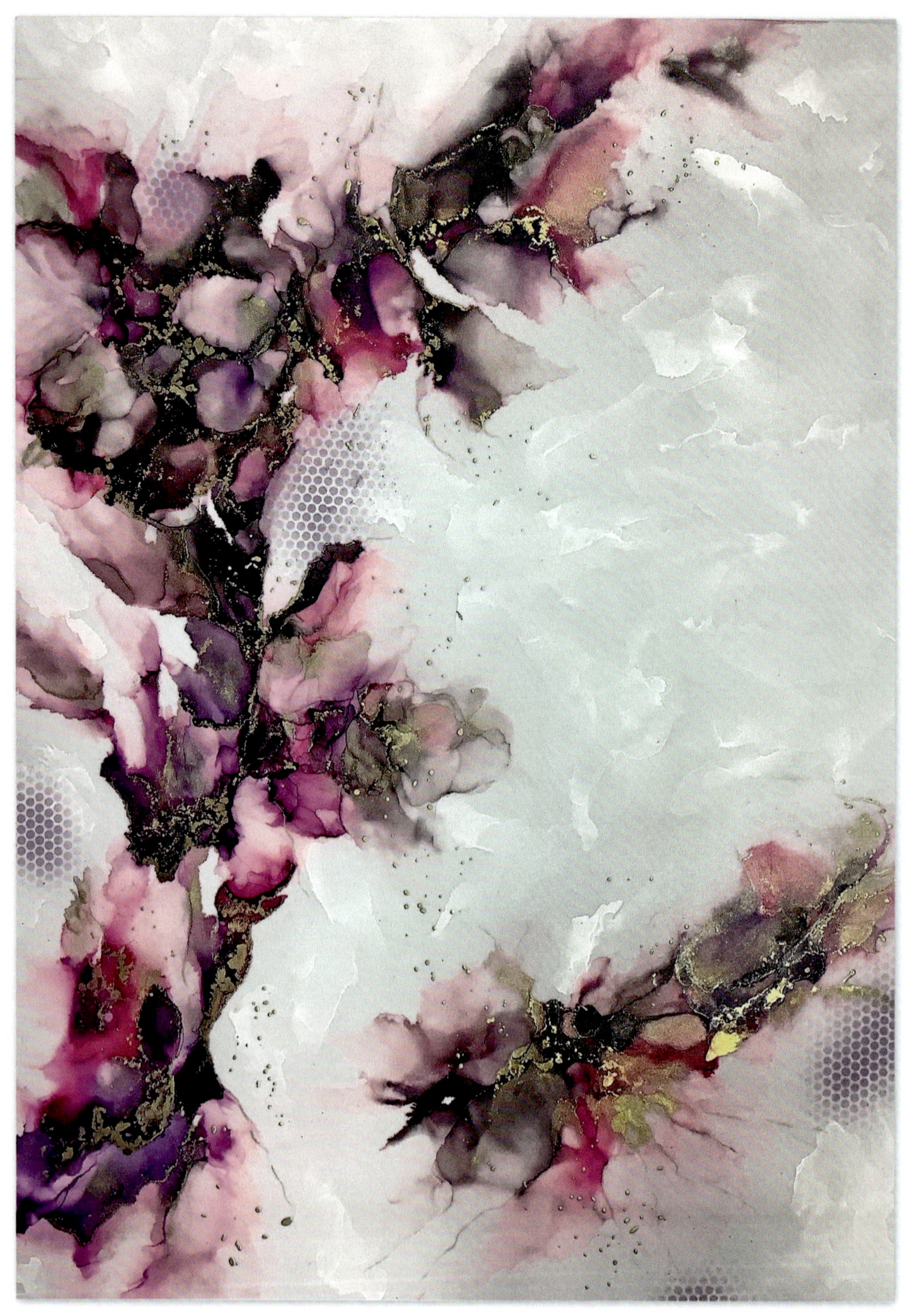

**Purple**

Expressive, unverdünnte Tinten zeigen, wie leuchtend Alcohol-Inks wirken können! Um fließende Übergänge zu schaffen, wurden nur die äußeren Konturen mit Alkohol angelöst und verblasen. Die Leichtigkeit des Bildes entsteht durch den unregelmäßigen hellen Auftrag des Hintergrundes. Akzente wurden mit Schablonen, Spray und einigen goldfarbenen Spritzern gesetzt.

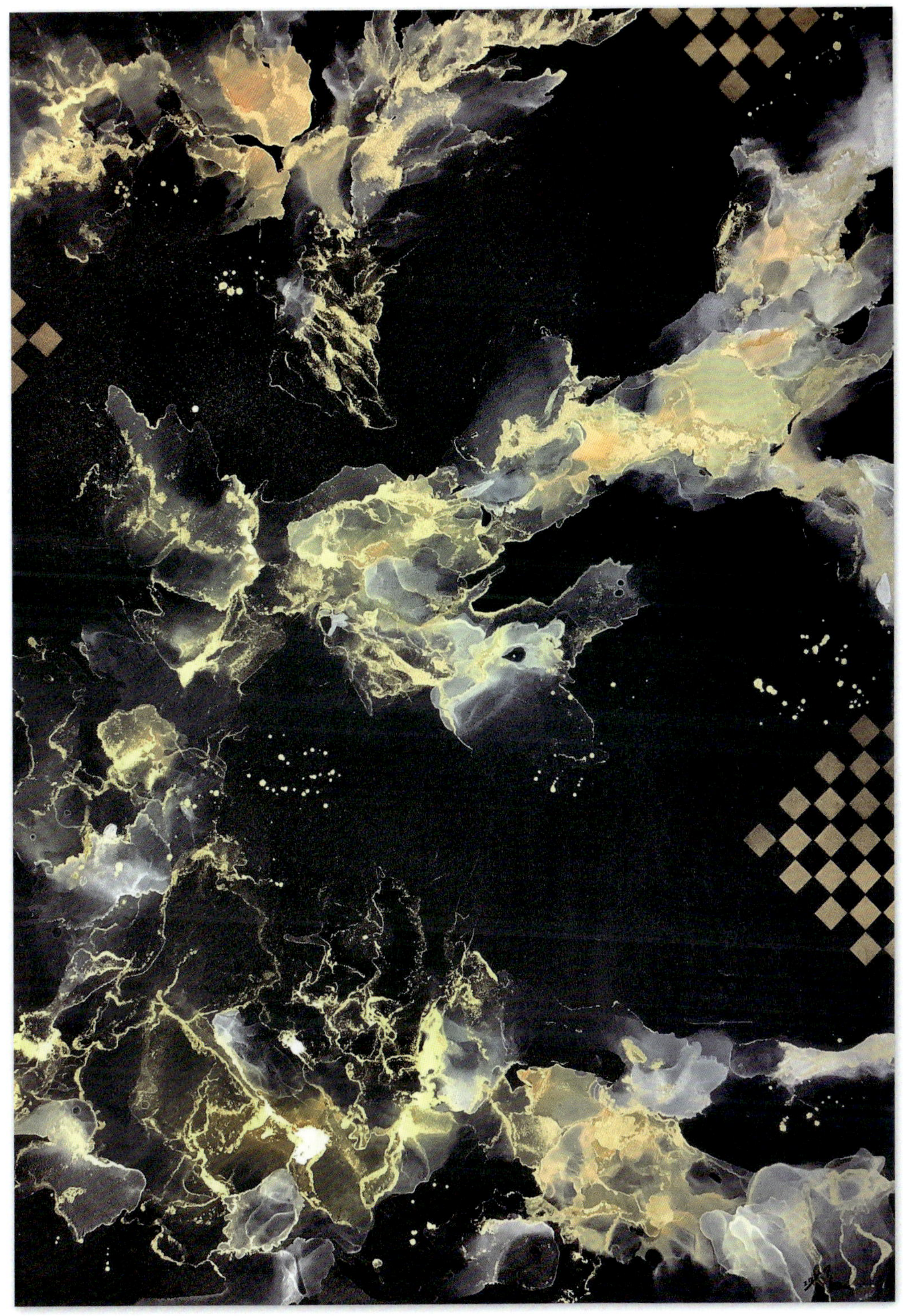

**Black Beauty**

Einen besonderen Reiz löst das Malen auf schwarzem Grund aus. Damit sich die nötige Deckkraft einstellt, wurden hierfür nur die opaken Tinten von Octopus verwenden. Das Gold verteilt sich sehr filigran und meist zufällig in Tinte und Alkohol, sodass bizarre Gebilde entstehen. Mit Schablonen und Spray wurden noch einzelne Akzente gesetzt.

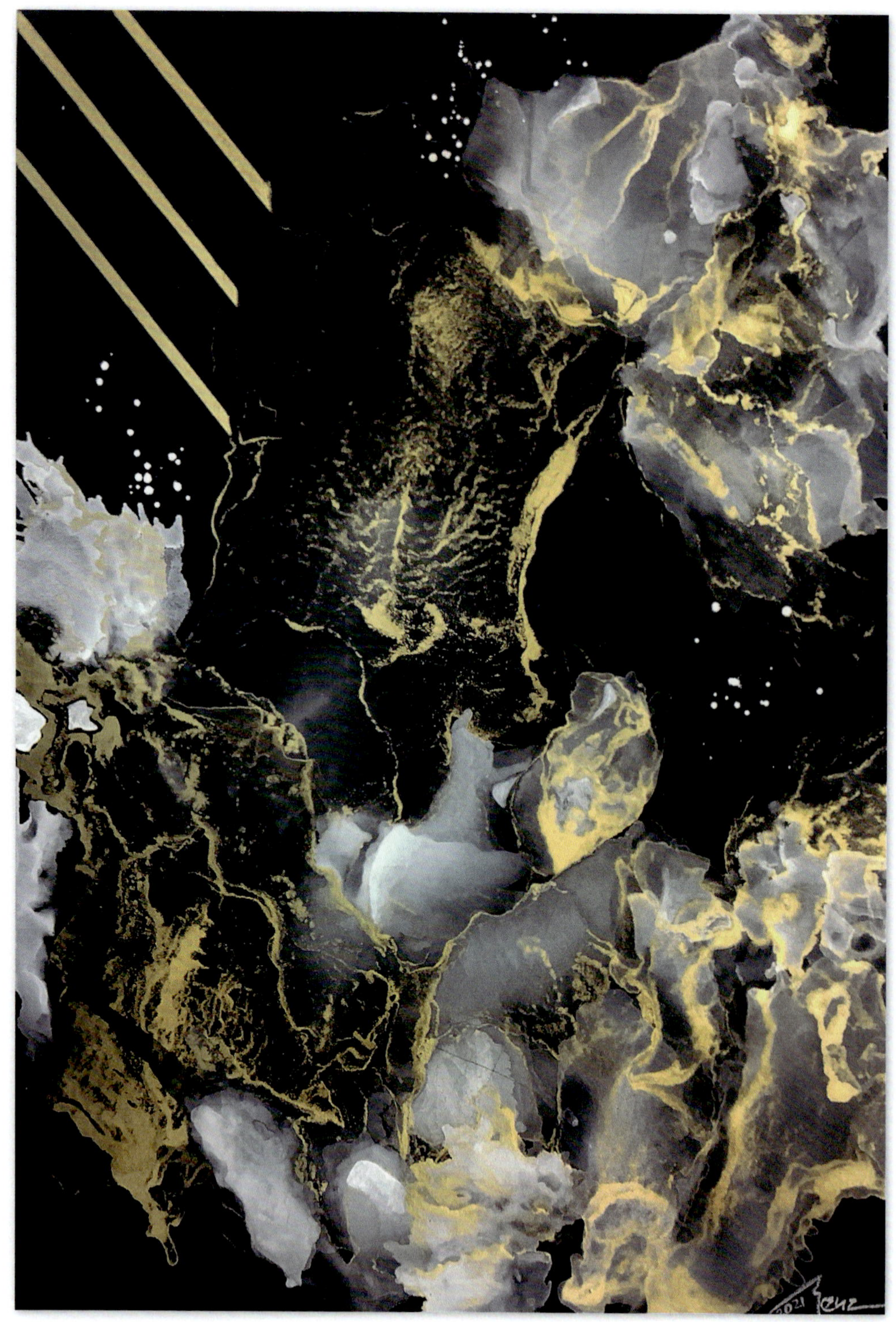

**Elegance**

Egal welches Malmedium Sie verwenden, ein schwarzer Malgrund wirkt immer interessant. Für dieses Bild wurde nur Weiß und Gold verwendet. Das Weiß wurde hierfür sowohl konzentriert, als auch verdünnt aufgetropft. Das Gold löst sich im Alkohol und hinterlässt spannende Muster. Einige Linien in Gold und weiße Spritzer komplettierendes Werk.

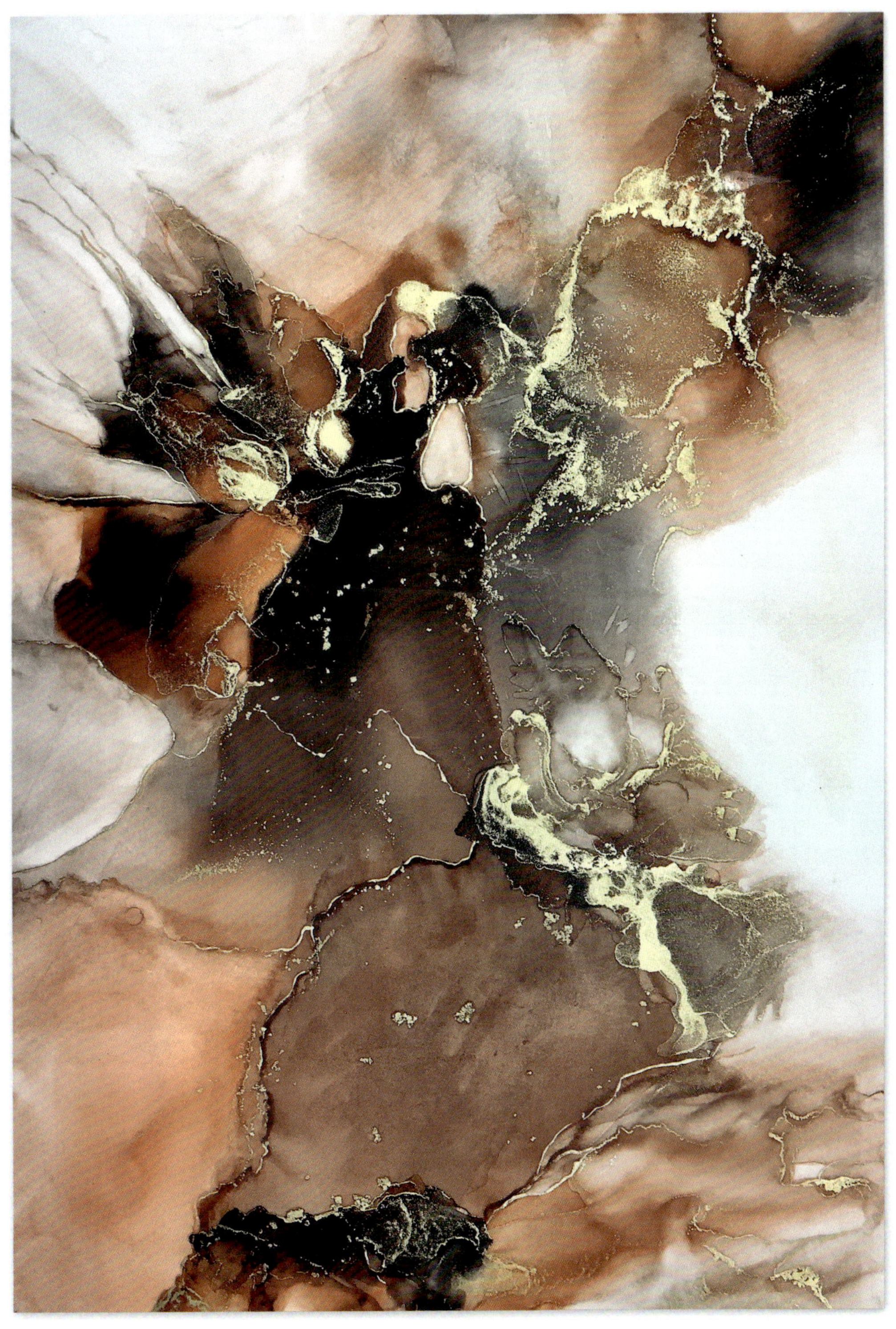

**Morbido**

Sowohl fließende Übergänge als auch harte Kanten bestimmen den Ausdruck dieses Bildes. Die warmen Farbtöne bilden einen Kontrast zu den hellen Flächen. Das Gold verleiht dem Bild eine gewisse Patina und Eleganz. Kleine Goldspritzer lockern die dunklen Flächen auf.

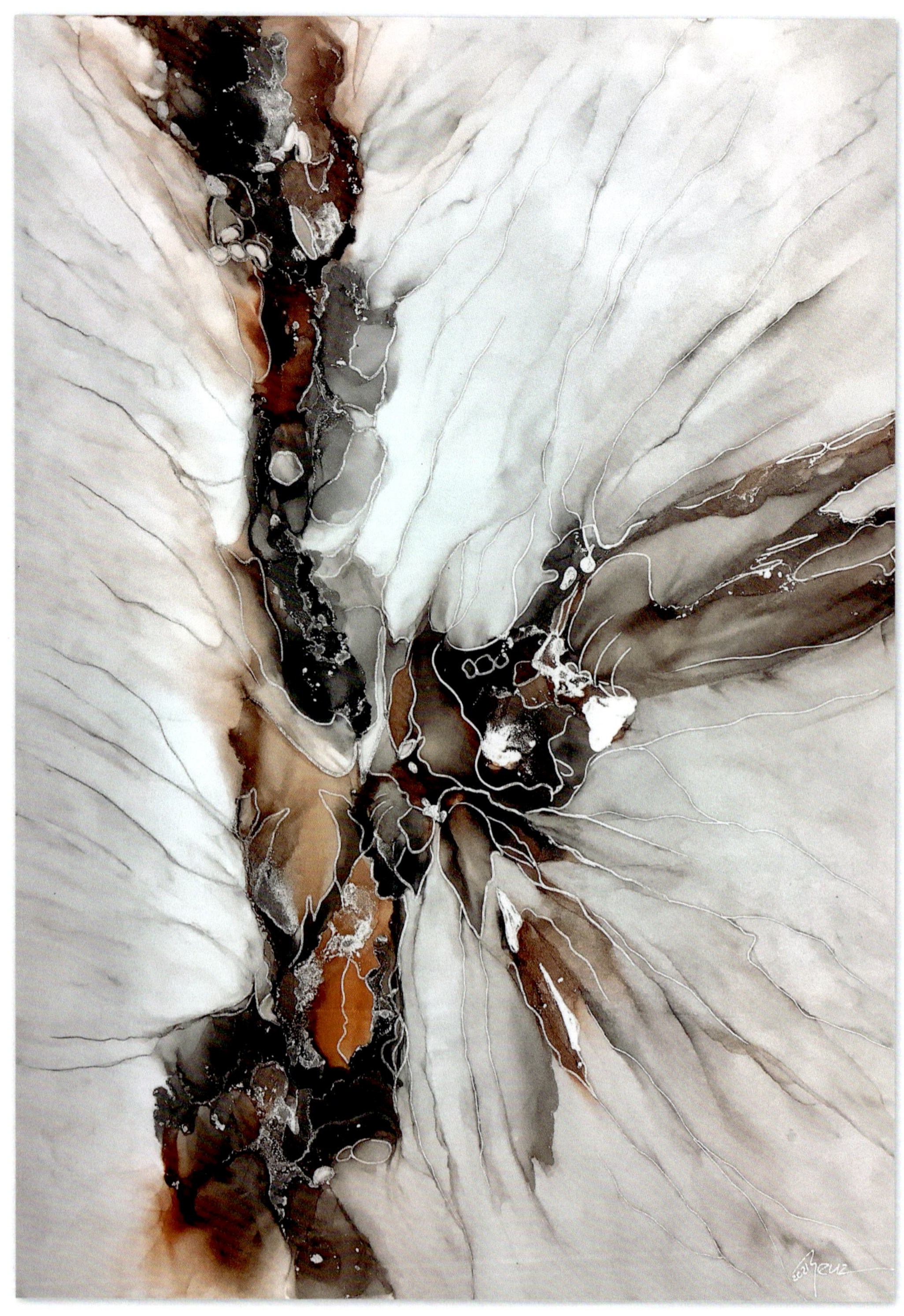

**Upwards**

Das durchgehende Motiv in warmen Brauntönen passt sich jedem Ambiente an. Die konzentriert aufgetragenen Tinten wurden nur an den Konturen mit Alkohol angelöst und verblasen. Die dadurch entstandenen hellen Ränder wurden stellenweise mit einem hochglänzenden Chrom-Marker nachgezogen.

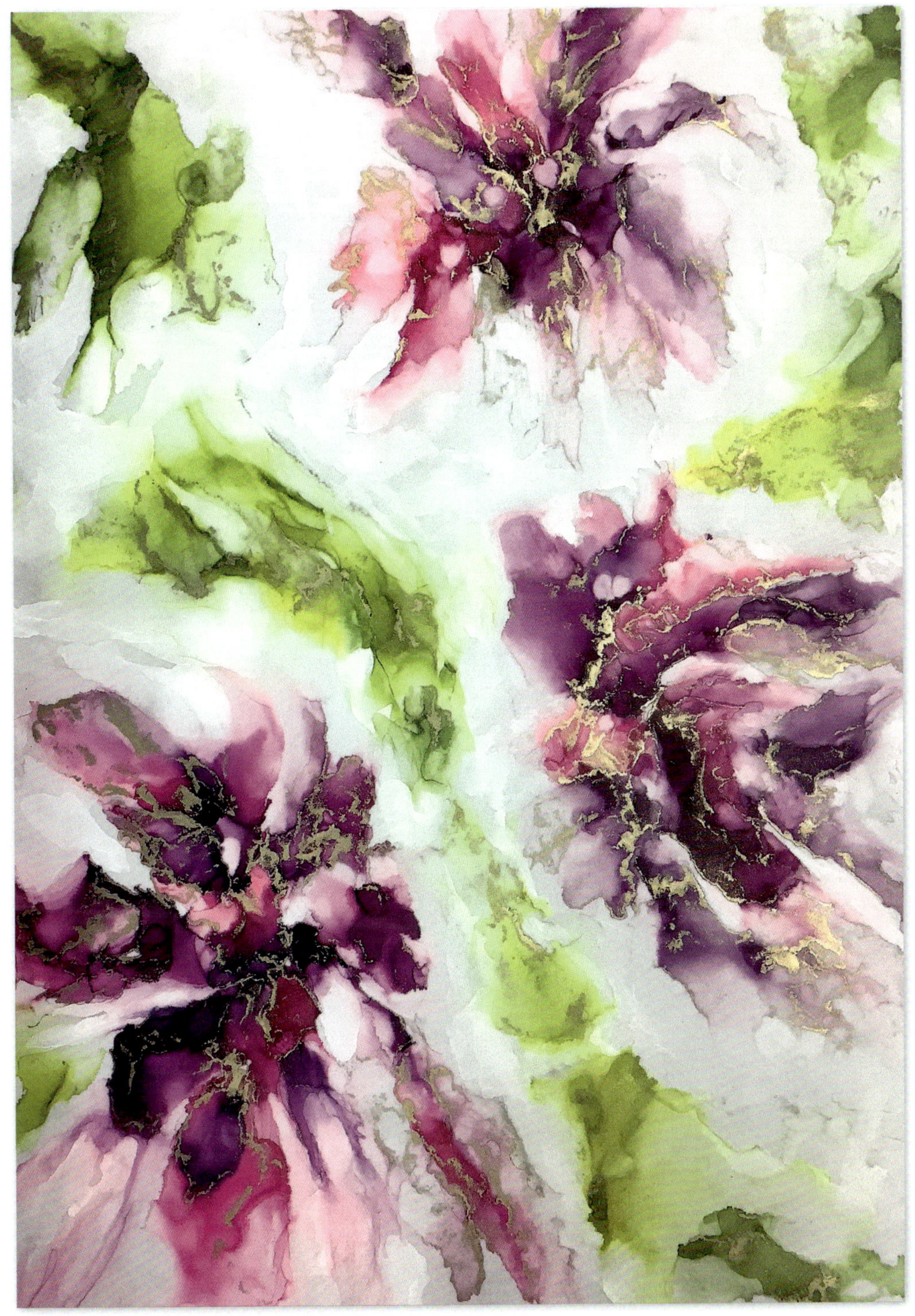

**Fresh**

Frische, frühlingshafte Farben lassen das Bild leuchten. Für die stilisierten Blüten wurden einzelne Elemente zusammengesetzt. Der unregelmäßige weiße Auftrag dazwischen sorgt für den notwendigen Kontrast. Das frische Maigrün vermittelt etwas „Florales“. Auch hier wurde mit Gold als Ausdrucksmittel nicht gespart.

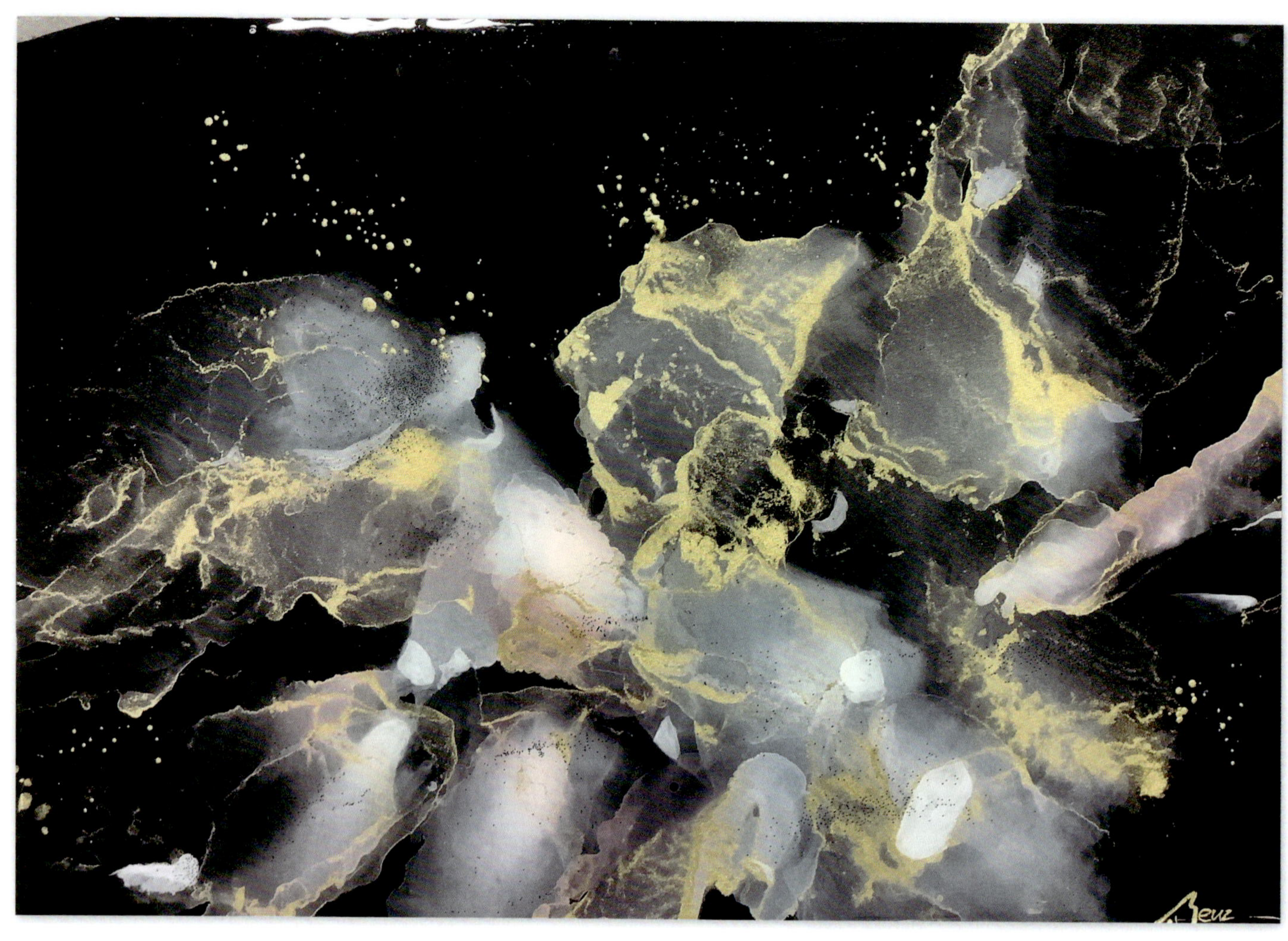

**Snow in the Dark**

Verdünntes und konzentriertes Weiß mit einem Hauch von Rosé, bilden auf dem schwarzen Malgrund zarte „schleierhafte" Gebilde. Durch die Zugabe von Gold erhielt das Bild einen eleganten Touch. Komplettiert wurde das Bild durch einen Resin-Überzug, der durch die spiegelartige, hochglänzende Oberfläche das Bild besonders wertvoll erscheinen lässt.

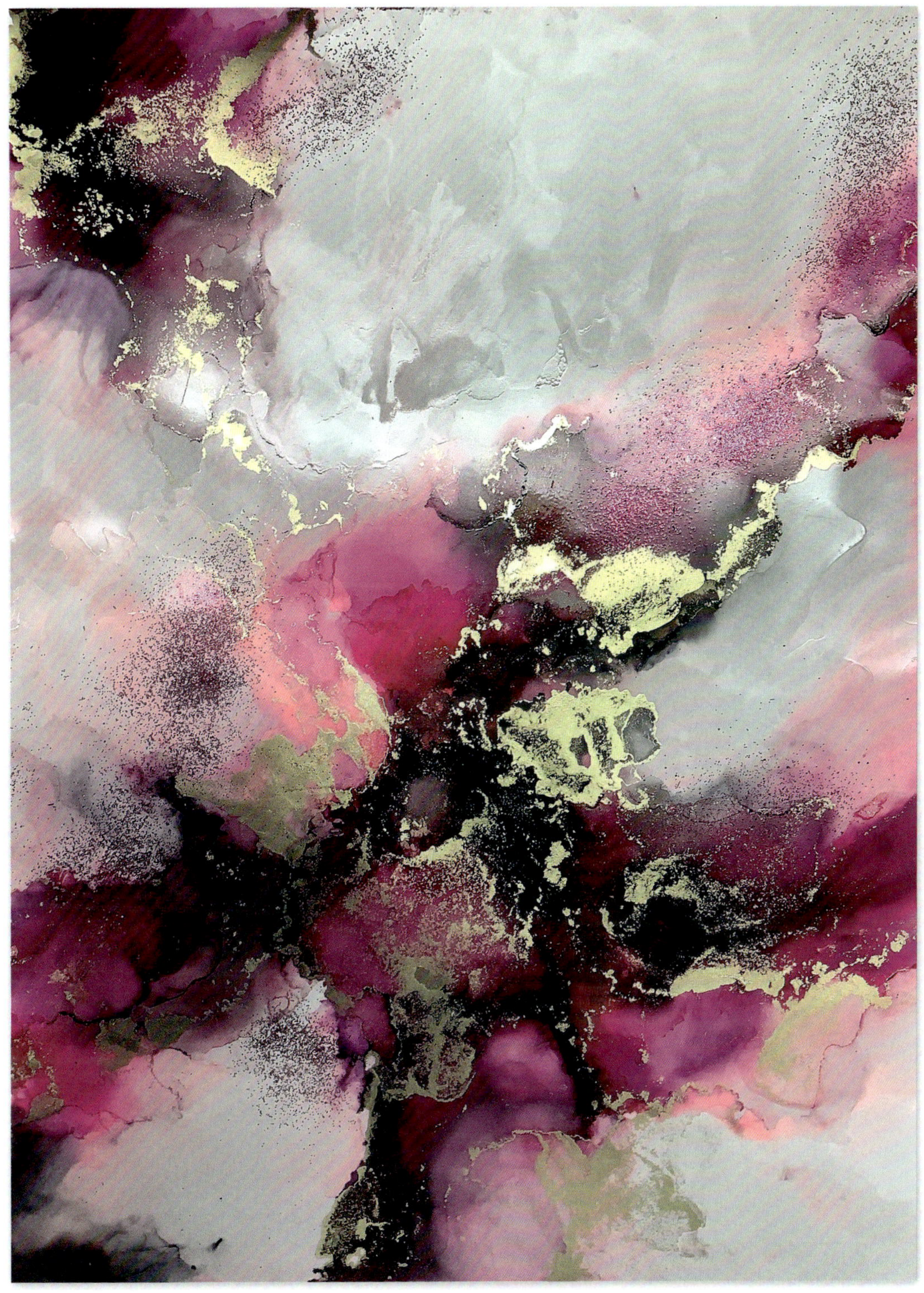

## Pink Passion

Expressive Farben für ausdrucksstarke Ergebnisse! Pink und Purple bilden die Grundlage für dieses Motiv. Da so kräftige Farben das Bild oft sehr dunkel erscheinen lassen, muss mit einem hellen Hintergrund Kontrast geschaffen werden. Feines Granulat in passender Farbe und Gold verpassen dem Bild das „perfekte Finish".

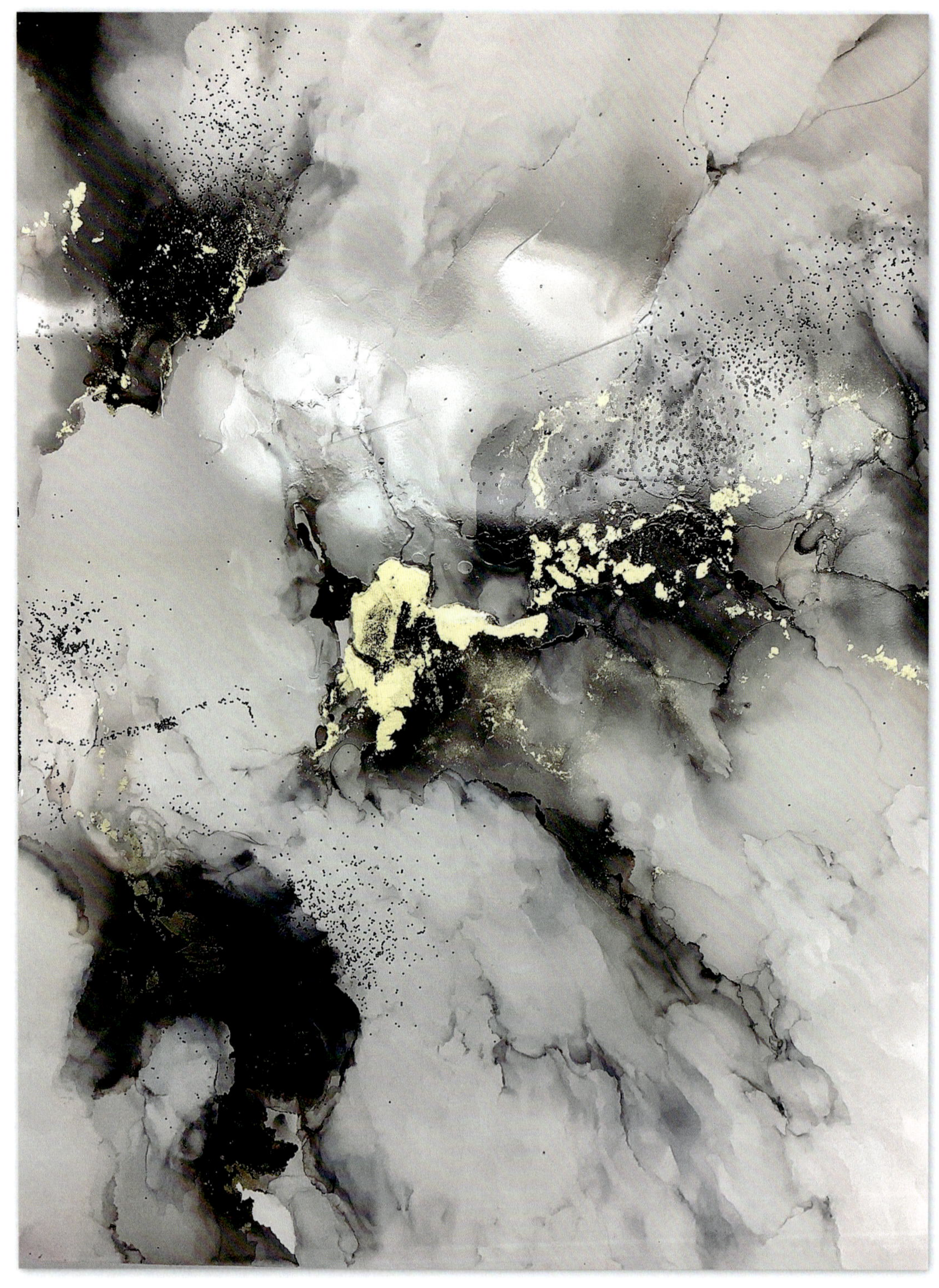

**Black and White**

Schwarz und Weiß sind eine Konstante in der Malerei! Mit Alkohol-Inks verarbeitet, erinnern die Farben an Marmor. Feines schwarzes Granulat auf den hellen Partien und Gold an den dunklen Stellen setzen Akzente.

## Zur Autorin

**Nicole Menz** ist freischaffende Malerin, Autorin und Dozentin. Bisher hat die Künstlerin 36 Fachbücher und zahlreiche Publikationen zum Thema Malerei veröffentlicht. Sie unterrichtet seit 30 Jahren freie Malerei in Deutschland, Österreich und Italien und beschäftigt sich außerdem mit Patenten und Materialentwicklungen zu diesem Thema.
Sie ist eine der führenden Malerinnen für Acryl-, Struktur-, PanPastel-, ResinArt- und Mischtechniken in Deutschland. Ihre gefragten Malseminare für Anfänger und Künstler sind eine Herausforderung an Kreativität, Individualität und handwerkliches Können. In Ihrem Malstil entstehen spannende Kompositionen, die eine einzigartige Vielseitigkeit, Vielschichtigkeit und auch Transparenz aufweisen. Ihre Bilder werden in den besten Galeriearealen ausgestellt und verkauft.

Weitere Informationen über Nicole Menz
oder Fragen zu Kursen:
Tel. 0170-2133007
Mail: info@menz-modern-art.de
Website: www.menz-modern-art.de

## Dank

Ich möchte mich ganz herzlich bei allen bedanken, die wesentlich zum Gelingen des Buches beigetragen haben.
Besonders bedanke ich mich bei den Firmen Boesner, Gerstaecker, Octopus, Jacquard Products (Pinata-Inks) und bei Cast4Art (Worbla).

## Herstellerverzeichnis

- Boesner, www.boesner.com
- Gerstaecker, www.gerstaecker.de
- Octopus Concept GmbH, www.octopus-office.de
- Jacquard Products, www.jacquardproducts.com
- Cast4art, www.cast4art.de

## Impressum

Fotos: Nicole Menz
Verantwortlich: Maria Möllenkamp
Lektorat & Projektmanagement: A. Reuß
Umschlaggestaltung: Andreas Kersten
Layout: Elke Mader
Repro: LUDWIG:media
Herstellung: Kathleen Baumann
Printed in Slovakia by Neografia

★★★★★

Sind Sie mit diesem Titel zufrieden? Dann würden wir uns über Ihre Weiterempfehlung freuen. Erzählen Sie es im Freundeskreis, berichten Sie Ihrem Buchhändler oder bewerten Sie bei Onlinekauf. Und wenn Sie Kritik, Korrekturen oder Aktualisierungen haben, freuen wir uns über Ihre Nachricht an: Christophorus Verlag, Postfach 40 02 09, D-80702 München oder per E-Mail an lektorat@verlagshaus.de.

Unser komplettes Programm finden Sie unter

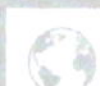 www.christophorus-verlag.de 

 Autorin und Verlag haben alle Angaben und Anleitungen mit größtmöglicher Sorgfalt zusammengestellt. Dennoch kann bei Fehlern keinerlei Haftung für direkte oder indirekte Folgen übernommen werden. Materialien und Farben können von den jeweiligen Originalen abweichen. Die bildliche Darstellung ist unverbindlich.
Sollte dieses Werk Links auf Websites Dritter enthalten, so machen wir uns die Inhalte nicht zu eigen und übernehmen für die Inhalte keine Haftung.
In diesem Buch wird aus Gründen der besseren Lesbarkeit das generische Maskulinum verwendet. Weibliche und anderweitige Geschlechteridentitäten werden dabei ausdrücklich mitgemeint, soweit es für die Aussage erforderlich ist.

Die Deutsche Nationalbibliothek verzeichnet diese Publikation in der Deutschen Nationalbibliografie; detaillierte bibliografische Daten sind im Internet über http://dnb.de abrufbar.


in der Christian Verlag GmbH
Infanteriestraße 11a
D-80797 München



ISBN 978-3-86230-448-6

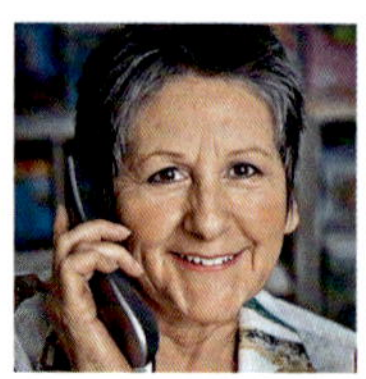

### ✆ Kreativ-Service

Sie haben Fragen zu den Büchern und Materialien? Frau Erika Noll ist für Sie da und berät Sie rund um alle Kreativthemen. Rufen Sie an! Wir interessieren uns auch für Ihre eigenen Ideen und Anregungen. Sie erreichen Frau Noll per E-Mail: **kreativ-service@c-verlag.de** oder Tel.: **+49 (0) 89-13 06 99-577.**

Besuchen Sie uns im Internet: www.christophorus-verlag.de & www.selbstgemacht.de

# Ebenfalls erhältlich ...

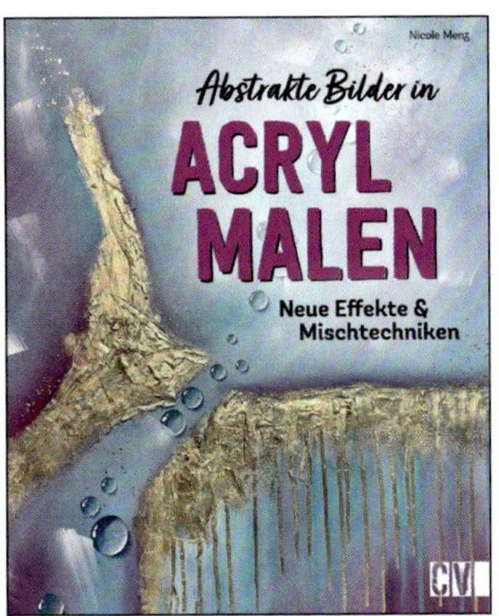


ISBN 978-3-86230-440-0

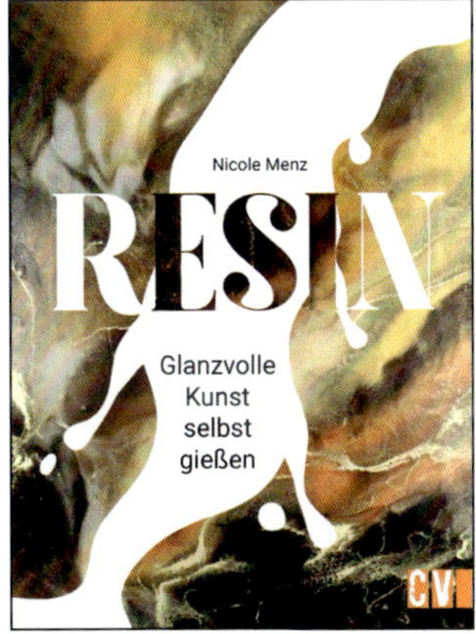


ISBN 978-3-86230-421-9

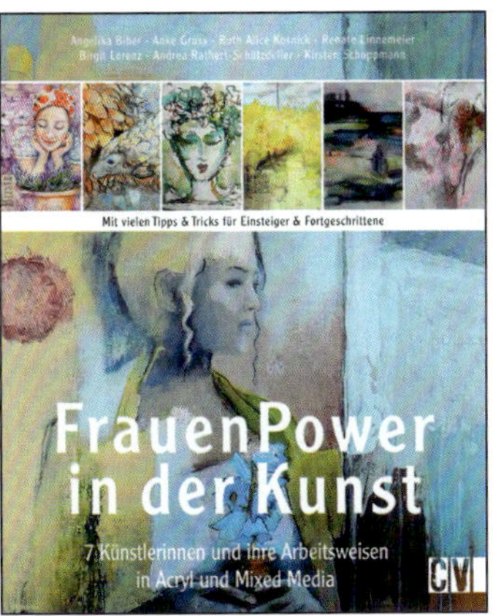


ISBN 978-3-86230-425-7

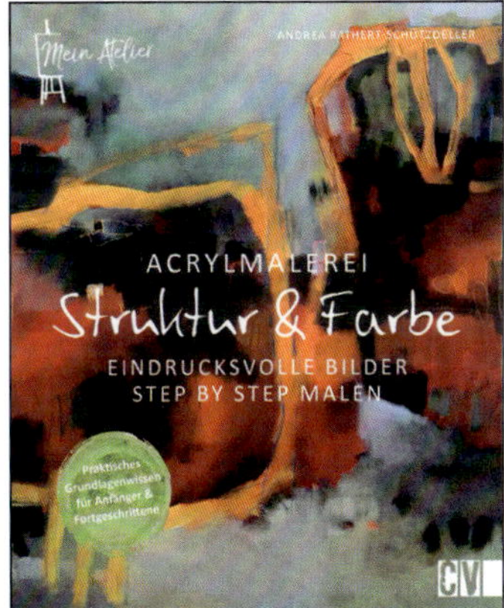


ISBN 978-3-86230-429-5

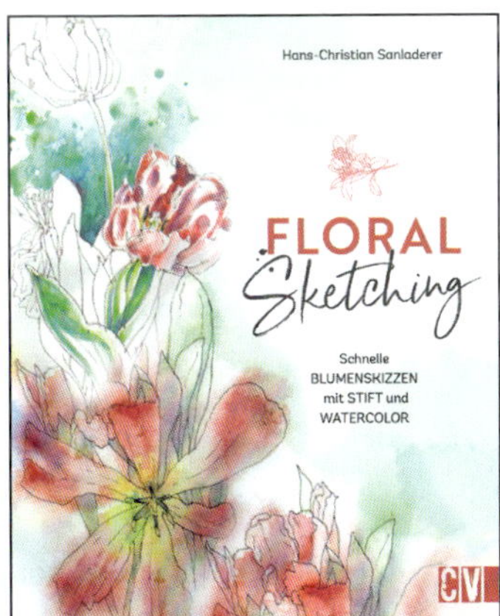


ISBN 978-3-86230-436-3

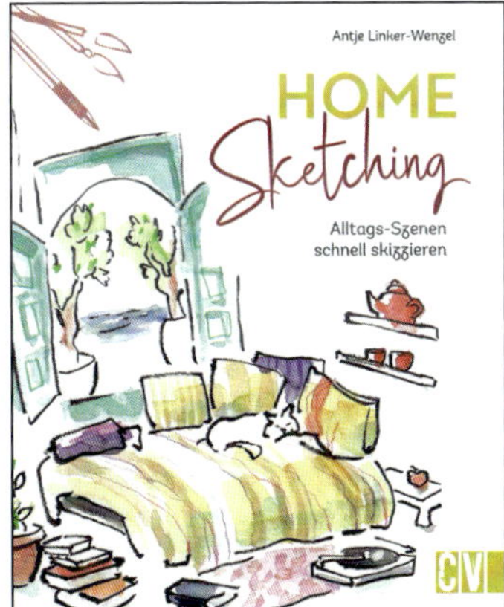


ISBN 978-3-86230-445-5

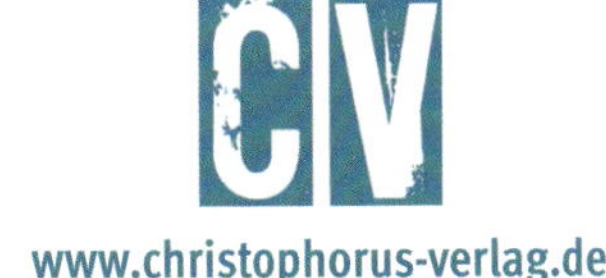

www.christophorus-verlag.de

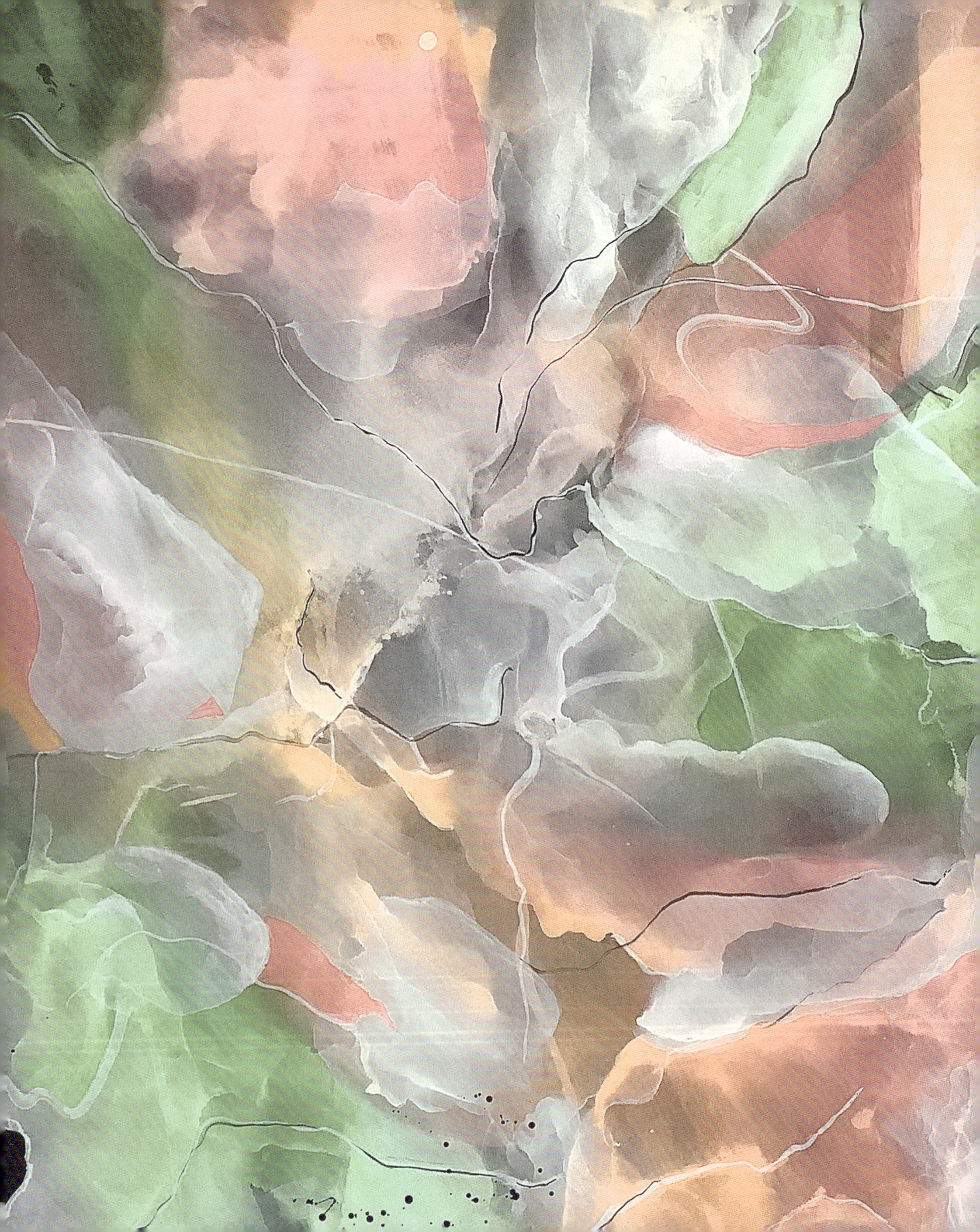